U0470541

个人品牌

六大核心塑造影响力

黄彩霞◎著

中华工商联合出版社

图书在版编目（CIP）数据

个人品牌 ：六大核心塑造影响力 / 黄彩霞著. -- 北京 ：中华工商联合出版社，2023.4

ISBN 978-7-5158-3621-8

Ⅰ. ①个… Ⅱ. ①黄… Ⅲ. ①品牌一企业管理 Ⅳ. ①F273.2

中国国家版本馆CIP数据核字（2023）第042688号

个人品牌 ：六大核心塑造影响力

作　　者：黄彩霞
出 品 人：刘　刚
图书策划：蓝色畅想
责任编辑：吴建新　林　立
装帧设计：胡椒书衣
责任审读：郭敬梅
责任印制：迈致红
出版发行：中华工商联合出版社有限责任公司
印　　刷：北京市兆成印刷有限责任公司
版　　次：2023年4月第1版
印　　次：2023年4月第1次印刷
开　　本：710mm × 1000mm　1/16
字　　数：187千字
印　　张：13.75
书　　号：ISBN 978-7-5158-3621-8
定　　价：56.00元

服务热线：010-58301130-0（前台）
销售热线：010-58302977（网店部）
010-58302166（门店部）
010-58302837（馆配部、新媒体部）
010-58302813（团购部）
地址邮编：北京市西城区西环广场A座
19-20层，100044
http://www.chgscbs.cn
投稿热线：010-58302907（总编室）
投稿邮箱：1621239583@qq.com

目　录

第三章 实力铸就个人品牌

第四章 魅力形象塑造个人品牌

第五章 销售力为个人品牌镀金

第六章 创新力升华个人品牌

第七章 知行力成就个人品牌

序　言

要想飞得高，就得努力才行。

我出生在一个很普通的家庭，父母做着打铁的生意。老话说："人生有三苦，撑船打铁卖豆腐。"打铁是体力活，大热天也要在高温炉子前，把厚厚的铁块烧红，母亲拿着大锤，父亲拿着小锤，一起控制铁块的形状，父母配合不停敲打，变成锄头、镰刀、犁头等农具，有时候是在薄薄的铁板上画上线，用铁剪剪下来，用锤子一锤一锤敲，就变成了簸箕等。

我一岁的时候得过怪病，差点死掉；三岁的时候我才会讲话，家里人都担心我是哑巴。父母工作很忙，我也很少跟父母沟通，有什么事总是自己扛着，性格也很内向，不太爱讲话，可以在家待一个月也不出门。作为家里的老大，八岁的时候开始做一些力所能及的家务，做饭、洗衣服……那时候，冬天没有空调，只能烧热水，再一壶一壶地兑冷水，让水不那么凉。不过，每年冬天还是会生冻疮，手上裂出好几个口子，发红、发紫，肿得像个馒头，动都动不了；那时候，我就想着，家里能暖和一些该多好……从小父母就跟我说，家里在经济上帮不了我，以后要靠自己挣钱！

我知道，我得努力自己飞！

从小到大，在学习上我都很努力，没让父母操过心；虽然家里条件一般，但是父母总是尽可能提供给我最好的东西。然而，一场突如其来的变故，改变了一切！大三那年，正走在大学校园的我，接到了一个电话，只有简单的一句："霞霞，快回来，你爸走了。"我不敢相信，又不得不信，揪着一颗心，迈着发抖的腿，踏进了家门，看到爸爸一动不动地躺在我眼前，眼泪止不住地流。妈妈说，本来就心脏不好的爸爸是因为工作太累才突然去世的，最近他们一直在赶一批货，经常干到晚上12点。

我一夜长大。为了减轻家里的负担，我经常利用暑假去打工，当过家教，还跟闺蜜一起合伙开过服装店。记得那时，凌晨3点赶最便宜的火车去进货；两个体重90斤的女生，拉着个大车，还有大包小包的衣服、鞋子、饰品……黑漆漆地半夜出门，再黑漆漆地凌晨回到宿舍。有一天，从早上9点守到晚上10点，店里一单生意也没有，马上要关门的时候，来了两个女孩子，买了一条20块钱的项链，回到宿舍才发现，那20块钱竟然是假币，自己亏了钱不说，更觉得对不起闺蜜。

2008年6月，我找到第一份工作，是保健品推销员；招聘人员告诉我：底薪700元，做得好，月薪可以过万。可是，正式工作后才发现根本不是这么回事。每天从早上6点到晚上12点，一直忙个不停。不是在工作就是在去工作的路上，一点私人时间都没有。更要命的是，虽然我很努力地去工作、去学习，但是因为从小性格内向，不善于跟人打交道，更没做过营销，所以做了半年才出了一单。老总给我泼冷水说："不是每个人都适合做销售！"于是，在一个阳光灿烂的日子，我拖着行李搬出了宿舍，可又不敢回家，怕母亲失望、担心。接着我又找了两份教育招生的相关工作，就这样过了大半年，我还是过着只能拿底薪的日子。

2011年，我遇见了人生的第一个转折点。经过朋友介绍，我进入了一家主营儿童教育的电视购物公司，上班第一天，打了30分钟电话，就成交6单，一个月之后，我的业绩排名第一，升为小组长，开启了月入过万的生活。当时的业绩提成，会考核订单的签收率，为了跟进销售订单，我独创了一个营销跟进表格，全程记录整个订单路径，并在全公司进行推广，提升了公司的整体成交额！成为小组长后，我带着组员冲刺业绩，听销售的录音电话，分析提升点，多次获得业绩冠军。我的组员，也陆续升职成为组长，半年后，公司扩大规模，我也升为部门经理。

后来，通过朋友介绍，我进入一家大型咨询公司，因为我很努力，很快，我成为大型项目的执行总督导。不仅管理自己的区域代理，还负责督导各区域执行经理的进度，经手的都是大项目，比如，中国农业银行全国神秘人项目，4000多样本；中国工商银行全国满意度调查，2万多样本；招商银行真实神秘人体验项目，1000多样本；还有光大银行、渤海银行、友利银行、交通银行、浦发银行、广发银行、渣打银行、天津银行、北京银行……累计有3万多的样本量。我当时是全国项目的执行经理，听起来挺光鲜亮丽的，可我发现，工作虽然稳定，但是这行做得再好，上升空间还是很有限。而且，看着身边的人都在创业，自己还是拿着死工资，心有不甘，想着别人能做到，自己一定也可以。于是，我做了一个重大的决定：辞掉“金饭碗”，自己创业！

2013年下半年，我注册了自己的咨询公司，当时特别有动力！不仅在整个孕期，甚至在生孩子的前一天，我都在工作。生完孩子后在产房，我也在工作。感觉自己已经进入了努力、拼搏到时间尽头的状态了！那时，有一家银行需要有市调背景的人讲课，我接了这个业务，从此开始讲师之路。大家肯定以为，给银行做讲师收入很丰厚，工作很轻松吧，但实际情况是，一年365天，我有167天都在银行，还有100天在赶往银行的路上。即便是在家，也要做课程准备、资料整理以及客户临时要求的工作……陪家人的时间寥寥无几。可是，这么忙碌却并没有得到想象中的回报。第一年的课酬，统计下来才七八万，去掉学习、培训物资采购等费用，居然还亏钱了！我当时心里觉得特别焦虑，觉得特别对不起家里人，不仅忙得没有时间陪家里人，还没赚到钱。为了快速成长，我又去学了很多课程：心理学、个人成长、PPT制作、TTT、沟通力、讲故事、演讲、投资、仪态礼仪，还考取了中国科学院心理学资格证书、萨提亚高级咨询师证书……可是，学了一大堆，还是没有赚到钱，反而越学越焦虑，于是，我开始寻找新的出路。

这便是个人品牌之路。然后我写了这本书，希望为大家提供参考。

在这本书里，你将会看到：

一个普通人如何从0到1开启个人品牌之路？

为什么说不要轻易开始打造个人品牌？

阻碍你事业发展的根本因素是什么？

如何将个人品牌与营销相结合以提升销售业绩？

如何在工作中体现个人价值，助力事业腾飞？

如果想要通过个人品牌获利，必须具备什么样的核心能力？

……

一路走来，有在黑夜中的摸索、迷茫和无助，也有在光明中的欣喜、轻松和快乐。不管未来会遇见什么困难，我都会坚持走下去，因为我相信，在路上不仅有爱我的家人、朋友，还有正在读这本书的素未谋面的你。

未来会开出美丽的花，结出丰硕的果，这份相遇不一定会有结果，但是一定有意义。

最后，感谢一份傻傻的坚持，让烧成死灰的激情重新燃起；

感谢一份傻傻的坚持，让一朝一夕都变得更有意义；

感谢一份傻傻的坚持，让平凡的自己变得强而有力；

感谢一份傻傻的坚持，让你我有缘隔空相遇，看见真实的自己；

感谢一份傻傻的坚持，把简单的事情做得不简单，遇见更好的自己；

感谢一份傻傻的坚持，在黑暗中寻求发光的勇气，收获珍贵的自己；

打造个人品牌，要立正心，下大功，感恩遇见你，愿你用个人品牌，提升影响力，惊艳未来生命的每一分钟！

2022年7月30日

黄彩霞

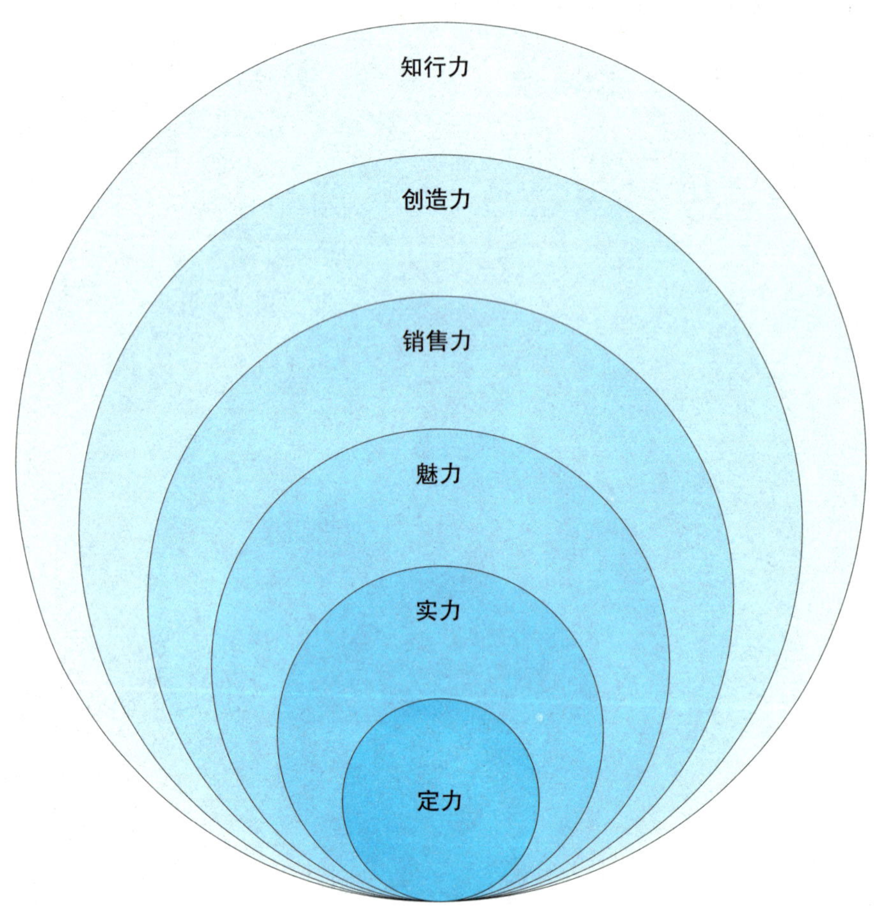
知行力
创造力
销售力
魅力
实力
定力

第一章　要想不被改变，就得主动求变

一、个人品牌的核心价值

营销人员为什么要打造个人品牌，这背后的逻辑关系到底是什么？看透规律，才能明白本质。萧亮在《深度思考》一书提到：抓住问题的本质是识别的第一要义。抓住一个事物的核心本质，就是抓住了“确定性”，获得了一个确定的YES，直击本质，这样，前面已经做完的事情和后面即将做的事情才有价值。

个人品牌的核心价值不是你做出了多少业绩，赚了多少钱，而是你要知道你是谁？为谁服务？服务了多少人？给别人带来了什么？有多少人认可你的服务？这样做业绩、赚钱就是自然而然的事情了。

随着产品的同质化、服务的标准化，银行之间的竞争已经从产品竞争、服务竞争上升到了个人品牌的竞争。100年前，市场竞争拼的是产能，是增加产品多样化，提高产品的生产效率；50年前，市场竞争拼的是渠道和营销，是广告传播，广开门店，渠道为王；而当今时代，产品差距越来越小，只靠产能可谓在夹缝中求生存；渠道门店也逐步缩小，根据腾讯网2020年7月12日的数据显示，银行网点已经迎来关门潮，仅半年时间关闭数量就达到1332家；新冠肺炎疫情以来，阿迪达斯在全球的门店的70%以上都面临关门危机；再看看周边每天有多少门店关门，渠道门店的情况可见一斑；当今时代，比拼的是如何了解客户的心理，如《孟子》所言：“得人心者得天下。”

帮宝适一次性纸尿裤是美国宝洁公司著名的婴儿卫生系列产品之一，20世纪50年代初刚在美国上市时，其品牌核心价值定位是“使用方便、快捷、卫生，为妈妈减轻烦恼”，意外的是，销售情况并不乐观。

宝洁公司很疑惑，经过深入调研他们发现，原来，妈妈们在选择纸尿裤时，更关心的是能否让宝宝感觉舒适，而不是方便自己使用。“使用方便、快捷、卫生”，给人的感觉是，妈妈们是为了自己省事才给宝宝们用纸尿裤。但很显然，妈妈们不希望给人留下这样的印象。

于是，公司迅速调整品牌价值定位，大力宣传帮宝适纸尿裤的轻柔和舒适，体现纸尿裤给宝宝带来的好处，并拍摄出温馨的母子广告画面。通过一系列的品牌形象宣传措施，将帮宝适打造成为妈妈为宝宝购买纸尿裤时的首选。

帮宝适前期的品牌定位偏离了核心消费者——妈妈的核心利益（宝宝的舒适），导致妈妈对产品不认可；后期经过调整，品牌的价值内涵发生了变化，把握住妈妈以孩子为重心的关键，成功俘获了妈妈的心。

产品的核心价值必须围绕使用者本身，产品价值让人动心，产品使用让人安心，产品售后让人放心，最终才能赢得客户的芳心。

《Bank4.0》中梳理了银行的进化路线，以及从Bank1.0、Bank2.0、Bank3.0到Bank4.0，银行在各个发展阶段的不同“摩擦”。

Bank1.0时代，物理网点的银行服务。所有客户都必须进入银行才能办理存款、取款、贷款、保险柜等业务。银行之间的竞争，通过产品差异化获取市场份额。你会发现，那时，国有行占据绝对的竞争优势。营销人员只需要坐在网点等客户上门。

Bank2.0时代，电子技术进驻银行系统。ATM机（自动取款机）等各种电子金融服务器启动，银行不仅要提供传统业务，还要想办法满足客户多样化的需求。银行的竞争从产品转向了服务，通过优质的服务，拉开与同行之间的差距，股份制商业银行的个性化的服务在这个时候快速赢得了客户，抢占市场。

Bank3.0时代，智能化兴起。银行从电子化走向智能化，客户不用再去物理网点，而只通过智能手机就能完成业务。人们出门的三件套也从钥匙、手机、钱包变成了手机、WI-FI、充电线，一部手机就能走遍天下。95%以上的业务都能通过手机完成。即使是去银行办理业务，速度也大大提升。比如，销卡业务，曾经如果想销卡，需要在柜台办理并花费十几分钟，现在去银行销卡，只要在智能机器上点几下就可以了，哪怕是十几张卡也能在几分钟内搞定。

中国银行业协会公布的数据显示，银行的离柜率逐年上升，2013年63.23%，2018年88.67%，2019年达到了89.7%。以前一天要接待几百人的银行，现在一天接待不了几个客户，高柜业务窗口在缩减，网点面积在缩减，员工数量在缩减，网点数量也在缩减。但是，营销人员和后台运营人员在增多，已然演变成全员营销。

Bank4.0时代，又要提到这句话：金融业务无所不在，但绝不在银行。打造个人IP，扩大影响力，助力业绩增长。

互联网+时代，加快了金融服务走向线上的步伐，最直接的反映就是，到店客户进一步减少，客户经理见不到客户。

与此同时，招商银行紧抓时代步伐，快速求变，2020年的招行财报显示："饭票"和"影票"两大掌上生活APP产品，交易额已经近100亿。深受用户喜爱的"招行周三5折"，是客户认可度较高的信用卡优惠服务。

2019年末，众邦银行利用品牌生态和媒体打造出专属于用户的IP节日《1.11加薪节》，通过薪愿官模式，将客户转化为众邦银行的品牌推广员，参与人数达5万人，实现活动触达500万用户。

从2021年4月开始，招商银行在"饭票"界面上线了免费霸王餐活动，并在显著位置，标明了小招喵的微信添加方式，鼓励用户自主添加个人微信或企业微信，这就是让用户进入了招行私域流量池。通过个人微信和企业微信的“贪吃喵”“喵小深”等多个接口，招行微信群引流了大量对美食感兴趣的客户，配合欢迎引导语等的辅助，用户自主完成加群动作。客户根据地理位置自主选择对应的群。客户进入群以后，招行利用积分激励用户进行消费，并通过一系列美食社群屯留客户。

所有营销手段都万变不离其宗：围绕“人”做服务。人在哪里，营销就出现在哪里。

人的生活方式已经改变了，金融服务方式也改变了，这种改变一旦发生，就不可能再回去。这个时代，想要不被改变，每个人都要寻求改变。

雷军总结了互联网思维的七字诀：“专注”“极致”“口碑”“快”，雷军在2021年开年演讲《最好的投资就是投资自己》中的最后提到了一个小故事，他在爬山的路上，遇到了一个年轻人，年轻人主动来打招呼，两个人一路畅聊，走了10公里，年轻人才提出想跟雷军合影，同时还告诉雷军，他在众多手机中，选择用小米的原因是“小米不一样，小米的理念不是赚更多钱，小米选择了一条更艰难，但是更有意义的路”。接下来的一句话，给雷军的内心掀起轩然大波，年轻人告诉雷军：“我也是一个有追求的人，所以我更喜欢小米。”

我很喜欢雷军，他扎扎实实干事业，做着自己热爱的事，敢于为自己的品牌代言，而这源于他对自己的产品充满自信。

金融业如果想在互联网竞争中占得一席之地，从传统竞争中走出来，需要依靠的不仅是产品、业务推广、线下活动，而且要把关注点回到根本，金融服务的本质是人。“专注”为人服务，服务到“极致”，通过人的“口碑”传播，快速占领市场。

客户在哪儿，金融服务就在哪儿。如今，微信的月活有12亿，如何利用微信，通过有效手段，做更好的内容，更深的运营，增强客户黏性，实现业绩增长，才是当下金融业的生存发展的突破点。

大部分的银行，在客户维护方面做得都是不到位的，在走访200多家银行的过程中我发现，一个资深的客户经理，按照电话、厅堂服务营销，上门拜访，线下沙龙活动等方式，能够深度维护到的客户是600个，一般客户经理在300个，有大批量的客户，是没有人过问的，尤其在国有银行，这种情况更加严重。一个有10万人客户群的网点，只有2个客户经理，管理1000人左右的客户，99.9%的客户处于放羊状态，简直是对客户资源的极大浪费！

未来的金融业，如果想实现在同质化竞争中的弯道超车，营销人员必须要转换思路，用个人品牌的方式占领客户心智，抢占市场空间。

图 1–1　银行的进化

二、三位一体打造个人品牌

个人品牌是什么？是用你的人品树立品牌，先做人，后成事。做人如君子，君子当如竹。

个人品牌，个人在前，人的一生靠什么立足呢？是个人品牌中间的这个词：人品！人品越好，说明修养越高，随之而来就是人脉越广，得到成功的机会也越多，最后，品牌价值也就越高。一个好人品，是打造个人品牌的地基，用你的人品立招牌，有了好人品，品牌才能立一生。

我去北京的一家银行做培训的时候，看到有的客户一进门，就直接问小A在不在。我也很好奇，为什么这个小A有这么大的魅力，这么多客户都来找他。在跟小A的沟通中，他告诉我，他完成的业绩，很大部分都来源于客户的介绍。

小A跟我说了他的一个经历：有一天，他在路上遇到了一位女士。当时，这位女士在路边，他在开车，他看到一群人围着这位女士，便立马停好车，从车里下来后站在了这位女士旁边，简单了解了下情况。原来是这位女士骑自行车差点撞到对方，结果对方不依不饶，一定要求她赔偿。

小A立马上前挡在这位女士面前进行调解，对方以为是来了家属，变得收敛起来，接着他让女士上车，想送女士到目的地，女士说，她要去一家银行办理业务，小A马上说："我也是在银行上班的，以后有业务可以找我办理，我上班的银行就在前面。"边说边拿出了名片递了过去。女士一看，他还真是银行的客户经理，开心地收下名片，也回应着说："好，等我在这个银行的钱到期了，我就把钱存到你那儿去。"

过了几天，这位女士真的过来找小A，说要存钱，小A热情地接待。没有想到的是，当这位女士说出存款金额的时候，他惊呆了，原以为最多转10万过来，但是这位女士拿起手机，看了看卡上的数字说："有1000多万到期了，都转过来吧。"这位女士对小A说："同样是在银行工作的人，我在那家银行门口，都没人出来帮我解围，但你只是路过，却愿意为我挺身而出，我相信你的人品，把钱放在你这里，我放心。"事后，小A获得了行里的优秀奖章，这位女士曾多次给小A介绍客户过来办理业务，而来银行的人都特别认可小A。认为他"热心""靠谱""实在"，这些词都是他身上的个人品牌标签。

我在线下培训讲到这个案例的时候，很多人觉得是小A的运气太好了，在路上“捡到”了1000万，实则不然。是因为在生活中，他就是这么一个热心的人，作为一个“北漂”，没资源、没背景的他在北京打下了一片天地，首先是靠他的人品。疫情期间，他主动请缨到社区充当联络员，对银行厅堂发生的事情，他也都热情地给予帮助。

要立足，要赢得更多客户，实际上是人品爆发的必然结果，也就是你的个人品牌影响力。

每个人的名字都是一块招牌，对于大多数普通人来说，它不具有明显的价值，但对于一些名人、高级人才来说，名字就是他们的个人品牌。企业创始人成功打造个人品牌更能直接带动企业发展。例如雷军的小米，乔布斯的苹果，董明珠的格力，马云的淘宝，罗振宇的得到，樊登的读书会。

个人品牌的打造可以从以下三个方面着手：

示。打造个人品牌首先要保证自己被更多的人认识、了解、知道。当一个人没有足够的知名度的时候，即使是金子，也会被埋没、踩踏。要想提高个人知名度，就要学会积极主动，在各种场合展示自己。例如，作为职场人士，开会时，积极参与、积极发言，争取有被人认识的机会；作为创业者，参加团队活动时，积极参加、积极献策，争取有被人了解的机会。有任务时，积极接受、争取机会，积极完成任务。不能总是躲在角落里，这样只会被人遗忘。不发声等于不发生。

是。一个客户在选择你的时候，不仅会看广告，还会看“疗效”，也就是你在别人心中的评价和口碑，如果口碑很差，即使能力再强，个人品牌的建立也是一个空壳。要想拥有他人的认可，就要塑造良好的人际关系，不能以自我为中心、不考虑他人的感受、不与他人协作。获得更多人认可最为重要的方式，是积极地进行团队协作与服务，敞开心扉为别人提供服务与协作，多考虑别人的感受，别人才会回报自己的好评，成就他人也是成就自己。

势。忠诚的人可以得到更多的信任、更多的机会和更大的责任。相反，不负责任、不敬业、不忠诚、频繁跳槽的人，则一定不会有太好的发展，即使他专业技能优秀，领导也不敢给予太多的机会、太多的信任。缺乏忠诚度的人得不到别人的信任，也一定得不到机会。提升势能的方式是建立个人品牌信用背书，比如，名人推荐、个人成就、客户案例、专业证书、出书、有影响力的人的好评等。

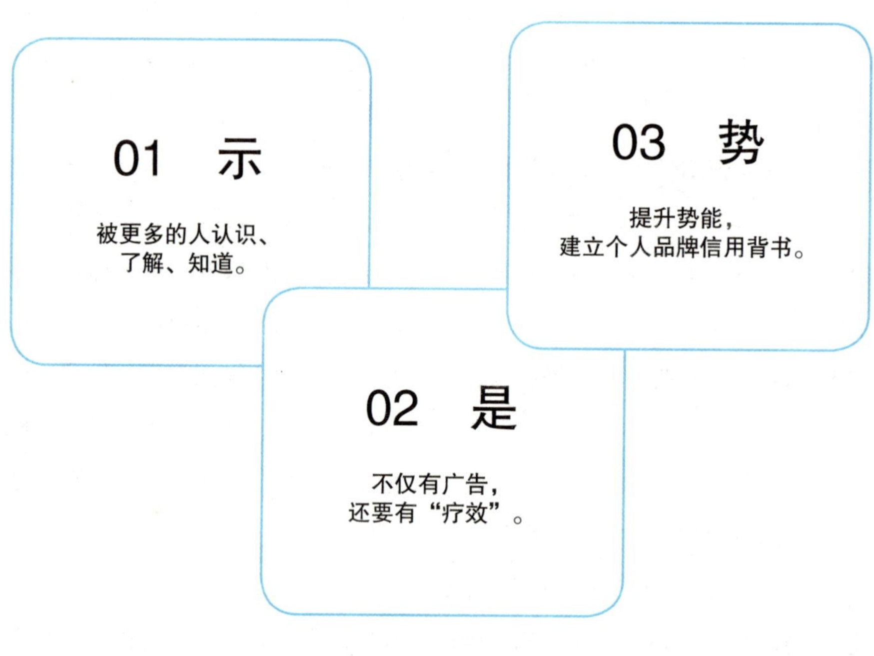

图 1-2　个人品牌打造的三个方面

三、先发制人，抢占注意力

世界首富、美国微软公司总裁比尔·盖茨认为，2000年后，如何成为赢家的关键就是速度！他直言不讳地说："21世纪的成功者，就是那些正确使用数字工具改造工作方式的个人和团队。"

速度，就是抢占注意力。在平均注意力只有8秒的21世纪，作为营销人员，如何快速抓紧客户的注意力，是营销取胜的关键。

在互联网快速发展的今天，一天产生的信息量是18世纪一周的信息量，称为信息大爆炸一点都不夸张。所有商家都在想方设法地抢占客户的注意力。

在教育信息网上，根据2012年统计的数据，中国工程院院士邬贺铨表示，仅仅一天，人的脑袋里面都要装大约800EB的信息。什么概念呢？这些信息如果装在DVD光盘中，要装1.68亿张，一张DVD光盘的重量是20克，这样算下来，整整有3360吨！如果是满载55吨的卡车，要61辆才能装下。可想而知，如果你的信息不能抓住客户的注意力，就会被淹没在信息的大海中。

那么，在信息大爆炸时代，如何抢占客户的注意力？

全球知名的说服术与影响力研究权威罗伯特·西奥迪尼，在《先发影响力》导言中的这句话很形象地概括了抢占客户注意力的"开关"：

顶尖高手们的确会在提出请求之前花更多时间打磨自己的所言所行。他们就像熟练的园丁一样，知道哪怕是最优良的种子，也无法在遍布石块的土壤里扎根，无法在贫瘠的土地上结出丰盛的果实。

心理学中有个词叫“首因效应”，也叫“8秒定律”“第一印象”，这是最先输入客户大脑中的影响力。第一印象的作用最强，持续的时间也最长，甚至比以后得到的信息、产生的作用更强。

我们来看一场李佳琦和马云在互联网上的PK。李佳琦一句“所有女生”启动了女生们的注意力“开关”，抢占了先发影响力。

2019年，在抖音上，李佳琦仅一场直播就带货百万，15秒卖出1.5万根口红，5小时卖出535万支口红，创下口红销售记录。与之相比，马云可以称之为“被秒杀”！

同样的大品牌口红，为什么李佳琦一声“我的妈呀，简直太好看了”，立马就有一群人在直播间齐刷刷地抢购，售卖的数量抵得上实体店一年甚至几年的销量？当时很多女生都说，“天不怕地不怕，就怕李佳琦说OMG”；“第一次看直播是深夜12点，他卖什么我就买什么”。女生们为了能抢到李佳琦推荐的口红，甚至跑到日本、泰国去买。

从营销“4P”理论（即Product、Price、Place、Promotion。取开头字母，意思为产品、价格、渠道、推广）来分析，你会发现，李佳琪和马云在产品、价格、渠道、推广方面的手段都是一致的，造成销量巨大差距的关键，在于源个人品牌以及定位。

特劳特在《定位》中提到，定位最重要的贡献是在营销史上，其中指出：营销的竞争是一场关于心智的竞争，营销竞争的终极战场不是工厂，也不是市场，而是心智。心智决定市场，也决定营销的成败。

李佳琦，口红一哥；马云，阿里巴巴集团创始人。从客户心智的定位来看，已经决出胜负了。这场PK背后，更多的是商业炒作下的双赢，马云赢得了更多人对平台营销力的信任，李佳琦赢得了一大批高黏度的女性用户。

个人品牌定位有四分法：你是谁，你的能力是什么，你能提供什么价值，你的市场在哪里（有什么不同）。其中，你的能力决定了打造个人品牌的关键。如同查理・芒格说过的一段名言："如果你确有能力，就会非常清楚你能力圈的边界，没有边界的能力根本不能称之为能力。"

你是谁？李佳琦。

你的能力？选产品眼光十分独到，能够从用户体验角度去挑选真正好看、好用的产品。

你的价值？社会影响力。

你的市场？追求美丽的女性。

按照定位四步法具体分析：

第一步，了解对手。分析外部环境，确定竞争对手是谁，以及竞争对手的价值观是什么。李佳琦和马云同台竞技，马云的价值观来自阿里巴巴企业战略定位的价值观——诚信。

第二步，绕过强势地位。避开竞争对手在客户方面的强势地位，马云是阿里巴巴集团的创始人，李佳琦作为主播在主播的战场上与马云PK，明显李佳琦更胜一筹。

第三步，建立需求信任状。李佳琦，电商主播，美妆达人，已经占领了客户心智。

第四步，利用传播资源整合客户心智。通过抖音直播平台，集中观看用户。

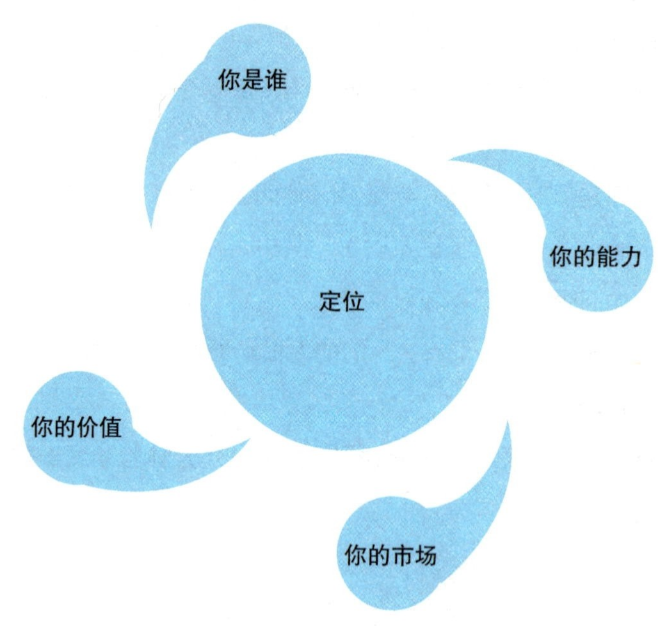

图 1–3　个人品牌定位四分法

《定位》这本书中的引言提到，“定位是一种新的传播沟通方法”，也就是说，定位不是创造新的不同，而是根据人现有的认知，占领客户的心智。所以，定位在最初是一种营销理论。

定位是内核，打造个人品牌的一切行为，都应围绕定位展开，然后构建知识体系，打造品牌形象，梳理产品体系，制定商业模式，散发内在能量。

高阶定位是什么呢？就是你的价值！什么叫价值，就是对别人来说你有哪些积极影响力。

《大学》里说：“知止而后有定，定而后能静，静而后能安，安而后能虑，虑而后能得。”“知止”就是先有志向，这也是学习的第一步，要立志，也就是要有定位。知道自己该做什么，不该做什么，做事有原则，明确知道自己未来的方向，不浮躁，不轻易受诱惑，专注于自己的事情，自然能获得成功。如果没有定位，一心只想着赚钱、获得成功，就会忙于追赶风口，觉得这个能赚钱，那个也不错，不能专注在一个方向，做什么都是浅尝辄止，不够深入。需要明确的是，赚钱是指标，而不是目标。

王阳明，在历史上被称为“完人”。文，他是孔孟学派的集大成者，创立阳明心学，“知行合一”“致良知”的理念影响至今；武，他带兵平定了福建、江西、广东一带的匪患，甚至只用一封书信就能平定叛乱。王阳明的成功，离不开立志，从小他就立志成为圣贤。如何实现“读书学圣贤”？王阳明给出的方法是：“先立志”。他认为，一个人要想完成人生的目标，首先就得树立坚定的志向。“志不立，天下无可成之事，虽百工技艺，未有不本于志者。”

人生在世，会面对各种诱惑，金钱、面子、声誉……处处都是迷惑人心、惹人去争抢的东西，加上人天生有很强的惰性，如果没有一种强大的力量推动，意志很快就会垮掉，败下阵来。

一个人要找到自己的高阶定位，需要把握前面提到的四个维度，其中，能力是最关键的一个要素，自身强，则定位强。

当局者迷，旁观者清。很多人对别人有准确的定位，却看不清自己、看不透自己。我在给学员梳理定位的时候，经常会出现这样的情况。他们说不知道自己的价值在哪里，觉得自己什么都干不了。我有个朋友就是这样，在单位工作了10多年，考了满墙的证书，不少还是含金量很高的专业技能类证书，他一直想换个工作，但是不知道自己能干什么。于是到处学习新的知识，股权、烹饪……学费花了五六万，犹犹豫豫，走走停停，却还是不知道自己未来的方向在哪里。最后，他找到了我这里，全面、系统地梳理了定位的四大维度后，他清楚地明白了自己定位的方向，人生的规划，坚定信念地前行，收入从日入过万，突破到日入5万，而且越做越自信，越做越坚定。

定位作对，事半功倍；定位先定心，定心定位定江山。

但是，千万不要以为，只有名人、有大成就的人，才适合打造个人品牌，只要掌握了核心方法，普通人也可以打造个人品牌。

我有一个朋友，坚持在公众号、蚂蚁金服、头条、知乎等自媒体平台发布财经类文章，每天30分钟，持续了一年的时间，积累了10万的粉丝，从此开启了个人品牌事业，给企业做线下培训，一天收费2万，比一些有10多年经验的讲师收入还高。

我还有一个朋友，也是一个普通人，大学没读完，还负债百万，他借助小红书平台每天分享自己的视频，涨粉百万，开启了个人品牌，一个月的时间就收入18万。

曾经的他们，什么都没有，从零起步，甚至是从负数起步，一路走过来，粉丝也是一个个积累出来的。那么，他们为什么可以成功打造个人品牌呢？

这是互联网时代的红利。每个人都可以利用互联网的平台，比如微信公众号、小红书，除此之外，还有很多平台：头条、简书、知乎、豆瓣、抖音、快手、喜马拉雅、小鹅通、千聊、唯库……只要你爱分享，爱表达，你总能拥有属于自己的平台，可以用手机，用电脑，用pad随时随地开启工作。

现代社会的营销竞争，已经从产品竞争、服务竞争，走向了品牌竞争，得品牌者得天下。我在给银行培训的过程中发现，各家银行之间彼此产品同质化，服务标准化，真正能拉开彼此差距的，是营销人员个人品牌的差异化。

有个银行行长告诉我，她之前在这家网点，业绩做到了行里的前三名，调走以后，该网点业绩直线下滑，很多客户都跟着她一起去了新的网点，直到她再次回这家网点，其业绩才回来。我问她，为什么会出现这样的情况，她说，因为客户认可她。认可，其实就是因为她占领了客户心智。

个人品牌，其实展现的是你的状态，是你在别人心中的认知，是你刻在别人心中的烙印。个人品牌从来不是打造出来的，而是你在坚持做的过程中自然而然的结果。

小　结

打造个人品牌是你状态的展现，抓住注意力，占领心智，通过互联网工具，每个人都可以借助时代红利来开启个人品牌变现。

练　习

请根据定位四分法，梳理出你的个人定位是什么？你独特的优势又是什么呢？

第二章　定力——个人品牌蓄电池

一、准备好打造个人品牌

打造个人品牌是一件长远的事，需要有定力，才能在目标、事业、生活、心理、情绪上保持稳定性，成就你的梦想。

在我刚刚开始准备打造个人品牌的时候，我的老师问我："打造个人品牌，你准备好了吗？"

在语音电话的另一边，隔着千里的距离，我狠狠点点头，殊不知个人品牌对我到底意味着什么。

当时，只是天真地以为，打造个人品牌，能帮助自己快速赚到更多的钱，改变现状，获得新人生。

一路走来，我看到了很多"想"要打造个人品牌的人。是的，仅仅是停留在"想"的层面。毕竟，并不是每个人都适合打造个人品牌，请先记住这个理念。有下面三种情况的人，请先压制准备打造个人品牌的想法。

第一，有"偶像包袱"的人。

在微信发朋友圈、做直播，很多人都过不了这一关。认为发朋友圈卖货就等于在做微商，是过不下去的表现，会被人笑话，一辈子也抬不起头。听到要做直播，更是不敢，会说："天呐，要露脸，我好歹也是有头有脸的人，怎么能做直播呢？太没面子了，我的同行怎么看我，我的朋友怎么看我，我的家人怎么看我……"等自己做完思想斗争，别人早已经日进斗金了。

人生有时好像股票投资，当所有人都看涨的时候，你买入，很可能已经是最高点了，市场已经被瓜分得差不多了。有这样一句话叫："真理，永远掌握在少数人手中。"巴菲特投资的经典名言就是："别人贪婪时，我恐惧；别人恐惧时，我贪婪。"

"品牌"营销理念传入中国不过百年，更别说"个人品牌"的概念了，打造IP行业才刚刚起步，还有很长的红利期。

我有个朋友，26岁就开始做微商，年赚百万，不到30岁，已经用微信朋友圈做出几个亿的业绩了。在尊严和生存面前，生存更重要，即使是曾经的亿万富豪罗永浩，为了还债，也"抛头露面"做直播、卖货赚钱。打造个人品牌。有了"里子"，才谈得上"面子"；丢了"面子"，才能看见"里子"。我们每个人生活在世界上，都是一个人来，也一个人走，为什么要特别在意别人对你的评价呢？如果，他们是你的客户，你应该在意；如果，他们是打压你、不信任你的人，又何必在意呢？坚持做正确的事，足矣。

第二，有玻璃心的人。

玻璃心，一碰到挫折就心碎，这样的人也先不要打造个人品牌。说说我自己的故事吧。作为一名线下培训讲师，我曾经认为，只要让学员觉得有收获，能上好课，客户开心，学员开心，就皆大欢喜了。在打造个人品牌半年后，我费了九牛二虎之力收到一个学员，为了辅导学员，我推掉了两个月的线下课，要知道，这相当于到手的钱又飞走了。我恨不得一天24小时都扑在电脑前，家里人都劝我要注意平衡生活，可是我不听，生怕错过了他的消息，没有及时回复，耽误了学员出成绩。就这样一个月以后，我发现学员怎么不跟我联系了呢？原来他去找了其他的老师。那一刻我似乎听到了心碎的声音，当时大脑一片空白，想，"完蛋了"。很长的一段时间里，我们两个人都没有互相联系。

又过了一个月，我告诉学员，我要出去做培训了，虽然学员对我表达了感谢，但是我只看到了“不负责任”“割韭菜”的标签，一个个插在我的头上，每句话都好像是一把刀子，捅到我心里，我的内心在滴血。我果断选择了全额退款，学员返了我2000元钱，但我没有收。

“退款”事件让我消沉了很长一段时间，甚至开始怀疑自己，是否适合打造个人品牌？是否从一开始就错了？我怀疑之前全部都是自己在瞎折腾，浪费时间。直到两个月后，感恩节那天，学员发来了感恩的话，才让我躁动不安的心平静下来。

之后我重整旗鼓，下定决心，一定要带学员出成绩，至少要赚回学费。于是，我又报了两个老师的课程，一方面学习专业的知识，另外一方面学习别人是怎么把学员带出好成绩的。

紧接着，我把更多时间精力，放在另外一个行动力不足的学员身上，每个星期检查她的进度，工作也一项项推进，推着学员往前走。年后她就开始出成绩了，保险的业绩从零开始到出一些几万的小订单，到出十万的大订单，今年，还有一次出了百万的订单，赚了十万的提成费用。到此刻，我才真正释怀，原来，我也是可以的。

如果当初的我就此消沉下去，也许你们就看不到这本书了。

我一直认为，在哪里跌倒，就从哪里爬起来。人不会永远在一个坑里待着，总得出去看看更大的世界，才能走到更远的地方。

第三，有着急赚钱之心的人。

有的人拼尽一生，也只能赚到很少一部分钱，他眼里只有钱，天天守着钱，这样的人是不会发大财的，只会成为“葛朗台”；有的人，天生就拥有大把金钱；有的人，抓住了一个机会，赚到了很多钱，但是很快，钱又溜走了；还有的人，从一穷二白到富翁，还会惠及后代，有富二代，富三代。

在刚开始打造个人品牌的一段时间里，我投入了全身心的时间、精力去做，每天都在想，我怎样才能赚到更多的钱。现在回想起来，那段时间真是一段痛苦难熬的日子，尤其是在产品发售的时候，我每天都很紧张，一直在想，怎么还没人付款呢？到底怎么样才能有更多人付款呢？刚开始我很兴奋，觉得每个来咨询的人都会付费，但是聊了一段时间后，我的内心回归平静，继而心灰意冷，开始持续焦虑。我的老师一直告诉我，“不要一直想着成交”，刚开始我非常不理解，“不想当将军的士兵不是好士兵”，不想成交的人怎么能是好的营销人员呢？后来我才发现，当我不再一直想“成交”，而是想一个人为什么要选择我的时候，我的内心变得很安定，也少了很多的焦虑。更重要的是，学员更愿意付费向我学习，甚至愿意介绍新的学员过来，我的内心又充满了力量。我从此知道，打造个人品牌是持续积累的过程。

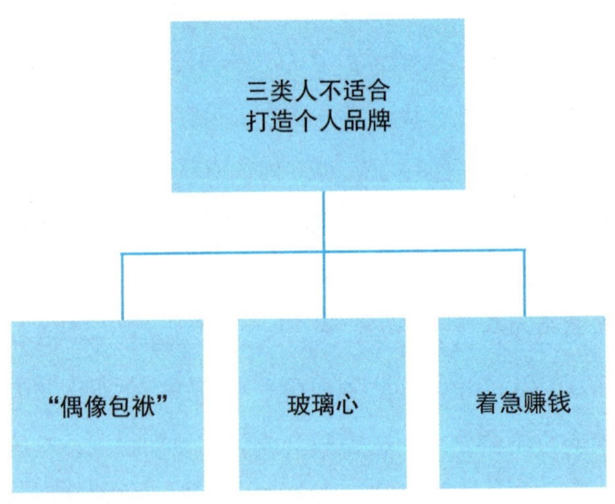

图 2-1　不适合打造个人品牌的人

很多打造个人品牌的人，是因为看到别人有IP赚到了很多钱，可是当一个人抱着要赚很多钱的心态去做IP的时候就会发现，钱反而会远离自己。金钱对于打造个人品牌来说，并没有实质意义，个人品牌的真正意义在于，你能带给别人价值，因为你带来的价值，所以有人愿意付出相应的金钱。也就是说，金钱是你打造个人品牌的附属品，而不是必需品。

没有人能随随便便成功，每个超级IP背后都有不为人知的努力，熬过去，就能称为雄鹰；熬不过去，只能永远是雏鸟。想要翱翔天际，就要做好"天将降大任于斯人"的准备。

二、千锤百炼的"反弹力"

爱默生说过一句话："一个一心向着目标前进的人，全世界都会给他让路。"你人生所有吃过的苦，最终都会成为你登上巅峰的垫脚石。

巴顿将军说："衡量一个人成功的标志，不是看他到达顶峰的高度，而是看他跌落谷底时的反弹力。"人生不是一条水平线，而是一条波浪线，有潮起，有潮落。欲戴王冠必承其重，想成为王者，不仅要有立志登上巅峰的鸿鹄之志和战斗力，还要有跌入万丈深渊也能绝地反击的反弹力。强者就算跌倒了，也能坚强站起来，拍拍身上的尘土从头再来，犹如《菜根谭》中描述的："得意处论天谈地，俱是水底捞月；拂意时吞冰啮雪，才为火内栽莲。"真正的强者，不是面对成功时春风得意，而是面对失败时毫不畏惧。不管顺境逆境，都有不忘初心的情怀和奋勇直前的勇气。

2018年下半年，想靠着锤子手机走上国产手机巅峰的罗永浩，因为企业经营不善，手机销量不佳，欠债6个亿，被人民法院发布限制消费令，甚至被戴上了“老赖”的帽子。但他还是选择承担。经过三年的历练，没了锤子手机的罗永浩，代言了游戏和二手车交易平台，勇敢地出现在屏幕上，进入了直播间，拼命挣钱还债，成功成为超级IP——喜欢“交个朋友”的罗永浩。罗永浩上演了一出“真还传”，他曾在一档脱口秀节目中调侃说，在那段时间，连一直嫌他胖的母亲都对他说：“想吃什么就吃什么吧。”罗永浩怀着一份情怀，怀着对债务人的责任，尝试过多种创业。直到今年1月，他在微博发文：“嗯，情感上欠你们太多了，这些我都会记得，年后我就回归科技界，只是……手机的时代已经过去了，我们下一代平台上见。”罗永浩即将进入一个与元宇宙相关的领域。我们没有办法去改变世界，唯一能改变的是我们对待世界的方式。

罗永浩退出了直播平台，另外一个超级IP登上了舞台。俞敏洪带着一群新东方的老师们，启动了“东方甄选”项目，开始了直播带货，“在绝望中寻找希望”，3天的时间粉丝增加近160万，单场平均销售额近1500万。在很多人为俞敏洪担心，为新东方的未来捏把汗时，俞敏洪淡定地捐出了崭新的桌子、椅子，送给山区的孩子们，持续为教育事业发光发热。俞敏洪一直秉持着“做事像山，做人像水”的信念，他在浙江大学演讲时曾对学生们说：“如果你定下了一个目标，就要坚定不移地追求，像山一样坚定。”

在一次演讲中，俞敏洪说，他曾经也怨天、怨地、怨父母，怨自己生在了一个贫苦的家庭，即便如此，他依然相信“人生是自己的选择，不是要把自己变成一个能够对得起自己的长相，而是对得起自己的内心、对得起自己的能力的人。我始终相信，一个人想要改变自己的人生，想要改变自己的命运，最佳的法宝或者说最好的力量，就是进行奋斗”。第一次高考，俞敏洪英语只考了33分；第二次再努力，分数还是不达标；又参加了第三次高考，最终考上了北京大学。

有个讲述两块石头为什么有截然不同的命运的故事：一个月黑风高的晚上，一块石头和寺庙里的一尊佛像发生了激烈的争吵，因为在地板上做石阶的石头很不服气，它觉得自己受到了不公平的待遇，于是它对佛像说：“佛像大哥，命运对我真是太不公平了！”佛像问：“为什么呢？”石阶气愤地答：“命运对我太不公平，本来很多年前，我们都是一块石头，从一座大山里被一同挖掘出来，结果现在我天天被人踩、被人踏，还没人打扫。你却可以天天坐在那里，受人敬仰、受人崇拜！”

佛像平静地说：“石阶兄弟，那你还记得当年我是怎么变成佛像，你是怎么变成台阶的吗？”石阶听了这话，哑口无言了。因为当年，工匠师傅也想把石阶雕成佛像，因此，用力地凿磨它，石阶受不了，最后，工匠们只能随便敲打几下，把它扔在地上当石阶了。而佛像则是忍受了千锤万凿，最后才成功地被磨成一尊佛像。

每个人来到这个世界上，都带着一份使命，都有存在的意义。那人生的意义是什么呢？我想是当你回首一生，往事历历在目时，依然能够安详地看着日落余晖，看着星辰和大海，微笑着对自己说：“此生无憾，足矣。”当你回首一生，看着曾经的自己，没有因为遇到否定而碌碌无为，没有因为遇到诋毁而一蹶不振，任凭风吹雨打，秉承着一份成事的初心，一份对未来的坚定，奋力前行。人生真正的意义，是靠你自己定义。

三、规避认知偏差

萧亮在《深度思考》中说："每个人都有自己的心智模式，它决定人们如何认识自己、他人、这个世界的其他事物，以及怎样思考。而每天的生活，就是在跟它'谈恋爱'。"

心智模式，是人对一切事物的认知，认知水平高低决定了其心智模式的成熟度。

来看这样一个故事：

一个爸爸正在忙着手中的稿子，可是吵闹的孩子让他无法冷静思考。于是，他找到一幅世界地图，把地图撕成了碎片，对孩子说："宝贝，如果你能把拼图拼好，我就奖励你一个玩具。"

爸爸原本以为孩子要花费一上午的时间，可是，仅仅过了10分钟，他就听到了孩子的敲门声。爸爸很惊讶，孩子怎么可能这么快就拼好一个世界地图呢？于是他问孩子："宝贝，你怎么拼得这么快呀？"孩子说："这还不简单。地图的背面有个人的照片。我先把人的照片拼到一起，然后再翻过来就可以了。我想，如果这个人是正确的，那这个世界也就正确了。"

人类通过知觉对事物做出反应，知觉能直接把物体反应给大脑，于是我们对世间万物有了感觉，听鸟鸣，闻花香，看星辰，触大海。人的知觉有四类特征：整体性、选择性、恒常性和理解性。

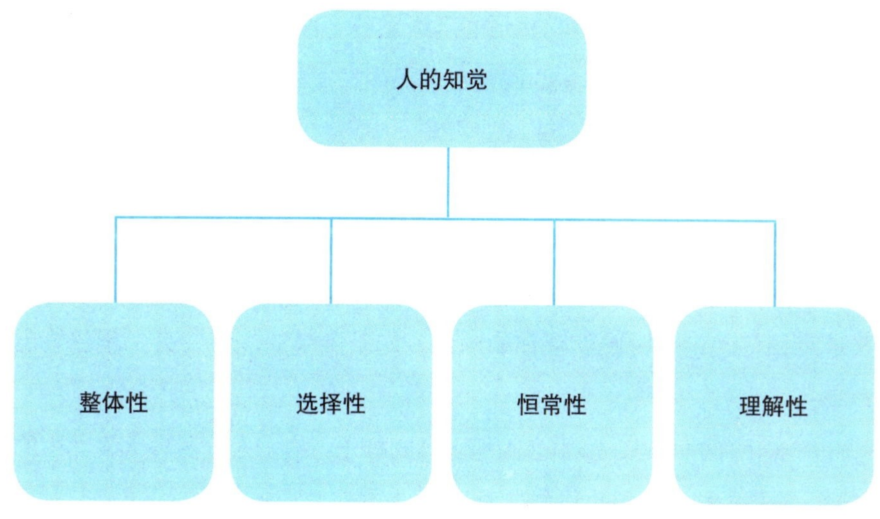

图 2–2　人类知觉的四大特征

整体性。你看到了一件物体，哪怕只是看到了一部分，也能想到物体的全部。比如，当我用虚线勾画出一幅只有框架的图像时，我们家的小朋友还是能认出纸上画的是一只小狗。

选择性。我们会根据自己的需求，把事物的一部分作为背景，选择性地看待一件事物。比如，同样一幅图，心情好、具有年轻心态、乐观的人会看成少女的图像；心情糟糕、有悲观心态的人会看成一个老太太的图像。

恒常性。在一定范围内，外部的环境发生了变化，可是人对事物的认知依然处在稳定不变的状态中。比如，一张白纸，就算你在昏黄的灯光下，你依然觉得这张纸是白色的；一本长方体的书，不管你从哪个角度来看，你依然会觉得这是一本规规矩矩的长方体书。

理解性。人会用过去的经验来解释现在看到的事物。天空上本来无规则的云朵，有人看了会觉得像龙、像凤、像高楼、像潜艇。

人类的记忆是一个相互联结的网络系统，图式有助于启动、唤醒或者激活大脑当中的某个特定的联结点。正如同《对子歌》中唱的：“云对雨，雪对风，晚照对晴空。来鸿对去燕，宿鸟对鸣虫。”认知的启动，在生活中也随处可见：

看到一个新鲜苹果的图片，虽然没有拿到手上，但是你能感受到苹果拿在手中的触感，闻起来的香味，回忆起一口咬下去牙齿酸酸的感觉，又或者回忆起，小时候你跟你的同伴一起吃苹果的趣事，会忍不住笑出声来；

听到小鸟的叫声，脑中会闪现小鸟的样子，有一种置身在大自然中的感觉，身心放松，心灵也得到自由；

刚刚看完恐怖片，如果突然在房间中看到一个影子，会不由自主地联想起片中的情节，不禁后背发凉，打个寒战。

人的成长包含知识、智商、情商，统称为“智识”。智识是大脑皮层整合后天信息形成的一种意识结构。智识是连接大脑神经元的沟壑回路，大脑皮层的沟壑回路越深，大脑皮层的表面积就越大，神经元连接的空间也就越广泛。有脑神经学家做过研究，当大脑皮层受到外部刺激的时候，比如，当遇到人生磨难不知所措时，当陷入低谷无法自拔时，当心生焦虑时，大脑神经元就会向外延展，形成髓磷脂，髓磷脂会帮助神经脉冲更快更有效地传递信息，让智识更强大。

从人类知觉的定义来看，由于外部环境的不同，内心需求、过去经验的不同，人对社会的认知或多或少会存在理解偏差，从而产生不同的态度。

《还珠格格》中扮演容嬷嬷的演员李明启，因为饰演得太好了，尤其是“扎针”的那段戏，让很多人非常害怕。还有人因为太相信她的演技，认为她生活中也是一个“坏老太太”。她出去买菜时，还遭到了别人的攻击。后来人们得知，“扎针”那场戏，李明启根本没有把针扎进女主的手上，而是把针尖对着自己，针都扎自己手上了。由此可见，看到的画面和情境可能并非真实。人们不由赞叹，老戏骨不仅演技精湛，而且心地善良，对她的态度也出现了转变。

态度有三个成分，又叫态度的“ABC模型”，A（Affection，情感）、B（Behavioral tendency，行为倾向）、C（Cognition，认知）。通常情况下，态度的三种成分是协调一致的。如果出现了不协调的情况，情感成分占据主要地位，就会变得感性。

美国学者霍夫兰德等人曾提出过一个态度转变的模型：

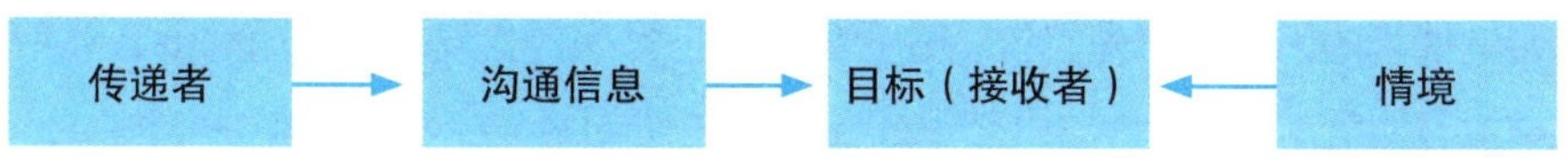

图 2–3　态度转变模型

一个人的态度转变，会受到四个因素的影响：传递者、沟通信息、目标和情境。

传递者：作为沟通信息的提供者，作用是引导人们发生态度上的转变。传递者作用的影响因素在于威信、立场、意图和吸引力。威信越高，说服的效果越好，名人代言的优势就在于此；传递者的立场如果是在于自身，自卖自夸，是不容易说服别人的，中立的或者是正直的立场才能产生较大的影响；接收者如果认为传递者是在刻意影响他们，则不容易发生态度转变，因此首先要消除接收者的心理抵抗，比如，谈判专家在说服轻生者时，首先会放松轻生者的情绪，建立同理心。

沟通信息：当沟通者意识到自己的态度与外在信息发生差异时，就会产生沟通行为。影响沟通信息的因素是畏惧、信息倾向性和信息提供方式。适当的畏惧信息，能够提升说服效果；在信息倾向性方面，有研究表明，对于认知卷入较浅的人，用单一倾向的信息说服即可，而对于认知卷入较深的人，要提供正反两方面的信息，说服效果会更好；关于信息的提供方式，口头方式比书面方式好，在线上聊一千次不如在线下见一次。

目标（接收者）：是态度转变的主体。态度主体接收到消息，传递者给出的沟通信息才算发挥了作用。影响接收者的因素是信念、人格和心理倾向。信念是不容易改变的；人格独立、很有自尊的人，有逆反心理、爱面子的人，都不容易被说服。

情境：一个人所处的情境和情绪状态的差异，会影响态度转变的效果。影响情境的因素是预先警告、分心和重复。预先警告发挥的作用有限，通常情况及态度不坚定的情况下，容易起到作用；处在分心情境下时，如果分心使接收者分散了沟通注意力，态度会转变，但是如果分心造成接收者不能获得沟通信息，说服的效果就会打折；沟通信息的重复也要把握度，只有在适当的时候才能发挥作用，重复过高或者过低，都对说服不利。

四、构建个人品牌故事

人类善于用故事理解社会，当我们听故事的时候，我们的身体会分泌爱的荷尔蒙，这是人类自古以来的一种自我保护机制，这种荷尔蒙会向大脑发出一种信号："来吧，这里没有野兽。"然后把自己代入故事情景中。

故事是讲给陌生人听的，故事能让人感觉到亲切，让他们跟故事中的主人公产生共情。学会讲故事，会让跟你初次见面的人对你产生亲切感，让你的话语更具备感染力和穿透力。

用故事说服的要诀就是，为他人构建一个相通的情景，点燃他的情绪，让他看到美好的愿景，并把自己代入这个故事中，想象自己也拥有那个美好的结局。

构建个人品牌的形象故事，可以给别人留下一个好印象。如何构建自己的个人品牌故事呢？

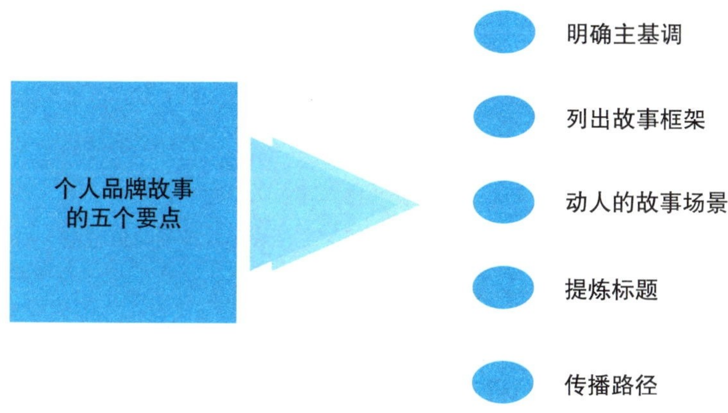

图 2–4　构建个人品牌故事

1.明确主基调

一般的品牌故事分为两种，一种是让人了解自己，增强信任，并在后续带来业绩；一种是想让别人直接下单购买。这两种故事写法是不一样的。我发布过三篇个人故事，第一篇是销售性质的，第二篇是建立信任的，第三篇依然是销售性质的。

建立信任和营销有两种不同的结果，所以侧重点不一样。建立信任的侧重点是个人成长，如何面对低谷，如何迎难而上，有什么人生感悟，如何达到高光时刻等。这样才能达到一种情绪上的共鸣，吸引更多同频人的链接。

营销故事的侧重点是成绩，你取得过什么成绩要用大篇幅来描述。比如，你获得的奖章、奖状、好评、证书等，让别人看到你的价值，愿意为你买单。

在写个人品牌故事的时候，建立信任和凸显价值都要有。只有建立信任，让别人看到价值，他才有可能购买。无信任不成交，而有了高价值，客户才会觉得超值。

营销故事的写作关键有六个要素。

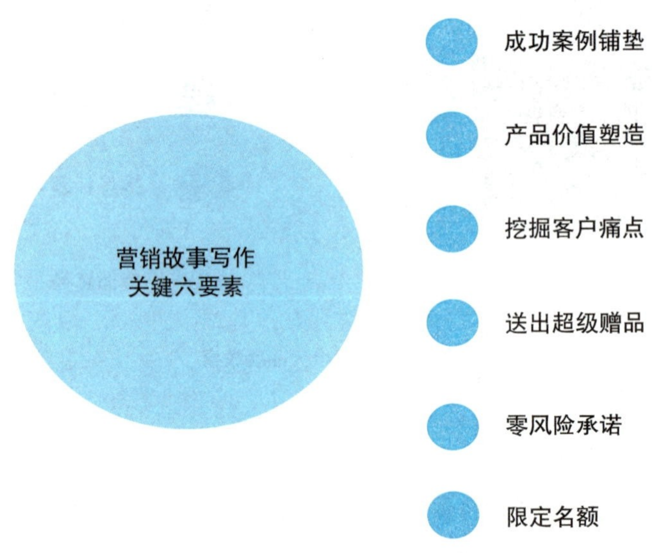

图 2-5 营销故事的写作关键

第一，成功案例铺垫。比如我作为培训师，要将银行方面的评价、学员方面的评价展示出来，看评价是符合销售逻辑，这是在建立信任，是成功营销一部分。同时通过客户证言作为信用背书，搭建信任的桥梁，结合消费者的从众心理，走向成交。

第二，产品价值塑造。作为营销人员，任何时候都要记得，产品的价值比功能更重要。产品的价值不在于功能价值，而是客户购买之后能得到的一种理想状态。比如销售保险产品，就不能向客户介绍利率（功能价值），你要做的是告诉客户，买了保险之后他能享受到的理想状态是怎样的。

第三，挖掘客户痛点。从人性的角度来说，人本身是不愿意承受痛苦的，例如人生病了，尤其是外在的疼痛，马上会想要去医院，一刻都不愿意忍受。

第四，送出超级赠品。比如来自《韩非子·外储说左上》中的“买椟还珠”的故事，一个楚国人把珍珠装在木匣子里，到郑国去卖。到了郑国以后发生了一件有意思的事情，有个郑国人看到装珍珠的匣子漂亮，就买下木匣，但是把珍珠退给了楚国人。从营销的角度来看，如果赠品足够好，客户会因为赠品而购买，可见，赠品的威力多么的大。我在设计产品赠品的时候，秉持的一个原则是：让人看到赠品，就已经觉得学费值得了。

第五，零风险承诺。人们害怕承担风险，也厌恶风险可能带来的损失，风险意味着不确定、不可预测、无法掌控。作为营销人员，应该给别人一种安全感，去掉风险性。

第六，限定名额。记得每年的“双11”“618”吗？因为时间有限，名额有限，为了想要得到更多的实惠，出现了集中大量的购买。在营销中也可以利用这样的机制，从时间、名额、价格等方面进行限定，以制造紧迫感。

总结来说，整个过程是通过客户见证、价值塑造、痛点挖掘、超级赠品、零风险、限时抢购这六个步骤循序渐进，一步步推进营销工作的展开。

2.列出故事框架

一部电影或一本小说，都会围绕主角设置故事情节，比如，《红楼梦》中有众多的人物，但主线是围绕林黛玉、贾宝玉、薛宝钗三个人的爱情故事展开的。个人品牌故事也是如此，想让别人看到什么样的个人品牌，是由个人品牌故事的主线来决定的。

我的三篇个人品牌故事都强调一个主线："不断学习才能不断成长。"一个来自平凡家庭的普通女孩，在营销路上披荆斩棘，即使遭遇了各种人生磨难，依然坚强面对，一路向阳，认定只有学习才有出路，通过不断学习、改变人生的故事。

因为主线是不断学习，所以"勤奋""努力""成长"等关键词的有关内容会重点突出。

明确主线以后，就要在丰富的人生经历中，挑出符合主线的部分，而不符合主线的部分要果断舍弃，以保持主线明朗。

有了故事框架后，要借助框架突出主线。利用这一点，大部分人都能快速写出一篇个人故事。我的每一篇个人品牌故事都有故事框架，遇到学员有好的个人故事，我也会升级立即帮他们梳理最核心的关键点以建立故事框架。

关于写作，最熟悉的框架莫过于"总分总"结构。这么多年过去了，我依然记得，小时候我的老师形容它为"凤头""猪肚""豹尾"。以至于现在第一个想到框架结构就是"总分总"。

记叙文的经典框架为：时间、地点、人物、起因、经过、结果。

还有一种经典框架，知识“黄金思维圈”，即“是什么”“为什么”“怎么办”。按照这个“黄金圈”的思维框架练习写作，有助于梳理逻辑关系，提升写作效率。

框架实际上是一种认知模型，是占领心智的一种方式，可以帮助我们将复杂的事情简单化，简单的事情更高效。《金字塔原理》一书中提到的两种逻辑思维方式，一种是演绎推理，另外一种是归纳推理。

演绎推理，就是把最后的结论放在最上层，用“因此”涵盖其他论点。

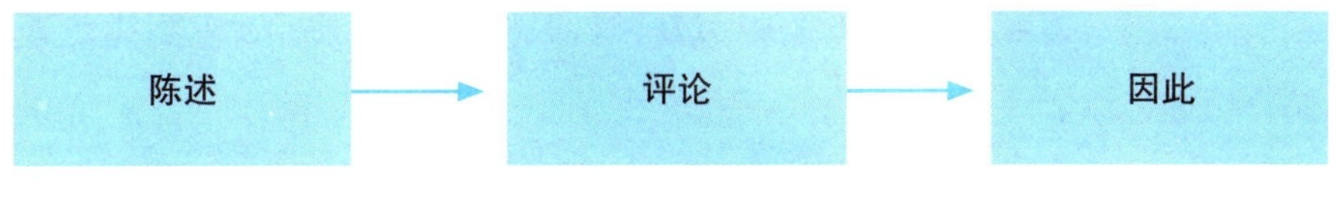

图 2-6　演绎推理图示

归纳推理，就是列出三四个相近的观点，用来支撑或者导出新的观点，其结构很像金字塔。

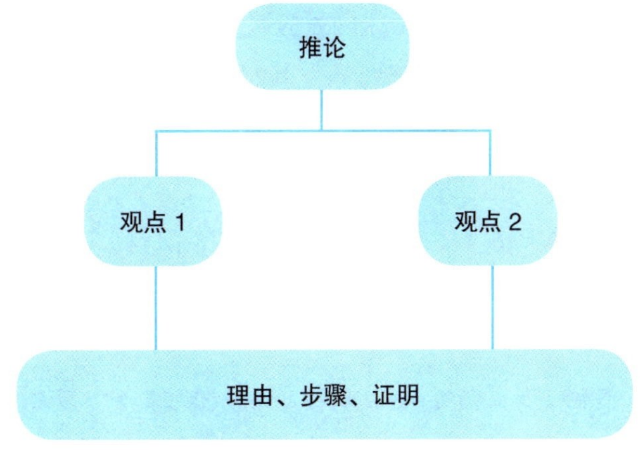

图 2-7　归纳推理图示

按照框架写故事，故事的中心就不会跑偏，就可以写出一篇成功的个人品牌故事。

约瑟夫·坎贝尔在《千面英雄》一书中，解密了一个万能故事框架模板，又叫“英雄之旅”理论。一共有12个部分，经过简化之后有七步。比如，金庸先生的著作《神雕侠侣》中的主角之一杨过就是运用的这一条“英雄之旅”理论。

第一步，平凡的世界。起初，杨过由于父母双亡，年少时寄居在郭靖家里。

第二步，冒险的召唤。因为杨过脾气倔强，惹得黄蓉不开心，于是郭靖将杨过送到全真教学武。

第三步，挑战。全真教的规矩严格，叛逆的杨过在学武中受了很多苦，忍无可忍，便逃出了全真教。

第四步，进入新世界。在追打之中，杨过逃进了活死人墓，遇见了从小生活在古墓中的小龙女。

第五步，终极考验。经过一系列事件，杨过和小龙女相爱，但是在当时，师徒结婚为大逆不道，两个人的爱情遭到了世俗的限制。

第六步，转变。小龙女在对战全真教时受重伤，她怕杨过伤心，在断肠崖刻下绝笔书，约定16年后再相会，就跳下了万丈深渊。杨过随之也跳下万丈深渊。

第七步，返回。杨过带着小龙女隐退江湖，回到了活死人墓中，过着不为人知的生活。

图 2-8　七步故事框架模板

简单来说，就是“三低三高一升华”。毕竟，人生总是起起伏伏，会遇到高山，也会遇到低谷，不会一直走在平坦的路上，也不会一直陷在泥潭里。但是只要方向是对的，最终还是一直往上升的。

我的个人品牌故事也是按照这个框架，划分成了七步：

第一步，低。毕业后做过会销、电话营销，又苦又累，付出多，收获少，一个月只能拿700~800元的工资。

第二步，高。第三份工作是去教育机构做电话营销，带领团队成为销售冠军，冲破千万业绩。

第三步，低。职业转型，进入金融咨询公司，收入锐减，加班成为常态。

第四步，高。主动担任全国项目执行经理，服务十几家银行，担任全国的项目执行总督导。

第五步，低。辞职创业，连连碰壁，怀孕生子，持续工作到生产前。

第六步，高。成为银行自由讲师，带领10多家银行网点夺优秀，争先进。

第七步，升华。不断学习，进阶提升，打造个人品牌，开启新的人生。

概括来说就是高低起伏，相互穿插，留下悬念，不断反转，从而完成一趟英雄的旅程，走向胜利的彼岸。

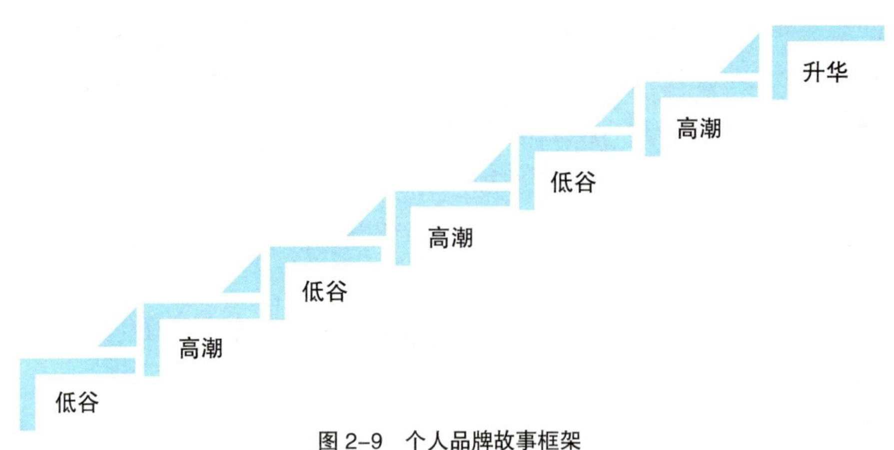

图 2-9　个人品牌故事框架

3.动人的故事场景

当我们看电影时，为什么会一直跟随主演的情绪，或泪眼婆娑，或开怀大笑，或郁郁寡欢，或义愤填膺呢？

原因在于，故事的情节、演员的演绎都十分动人，有代入感。

老子说："天下大事必作于细。"比如，《红楼梦》对于人物细节的刻画，可谓登峰造极。为了表现贾宝玉对女孩子的怜爱，让他说出了"山川日月之精秀，只钟于女儿，须眉男子不过是些渣滓浊沫而已"的句子。为了描写林妹妹的多愁善感，写了一段"黛玉葬花""肩上担着花锄，锄上挂着花囊，手内拿着花帚"的情节。

细节体现故事的灵魂，能增加感染力，更会打动人心。

俞敏洪曾在演讲中讲述他为同学打水的故事，非常动人。

他从小成绩一直不怎么样，但是他热爱劳动，希望通过勤奋劳动引起老师和同学的注意，所以他每天都为宿舍打扫卫生，持续了四年，以至于他们宿舍从来不排卫生值日表。

他每天都拎着水壶帮同学打水，把它当作一种体育锻炼。有时候俞敏洪忘记打水了，他的同学还会问“俞敏洪怎么还不去打水”。

通过“每天都拎着水壶去给同学打水”的细节，树立自己“不计较”“爱帮助人”的形象，这两个性格特质也成为他事业成功的基石。

他是怎么用细节打动人的呢？他在其中调动了听众五官的所见、所听及所想，让人物性格更加饱满。

所见，宿舍从来没排过卫生值日表。

所听，大家习惯他去打水了，有时候他忘记打水，同学就会说“俞敏洪怎么还不去打水”。

所想，他并不觉得打水是一件吃亏的事情，同学之间互相帮助是理所当然的。

还有一个经典案例，在东方甄选直播间，董宇辉说：“我没有带你去看过长白山皑皑的白雪，我没有带你去感受过十月田间吹过的风，我没有带你去看过沉甸甸的弯下腰犹如智者一般的谷穗，我没有带你去见证过这一切，但是亲爱的，我可以让你品尝这样的大米。”就这几句话让直播间百万粉丝下单，大米很快销售一空，这次直播带货，被评价卖的不仅仅是大米，还是“镀了文化金边的大米”，是“每粒都有故事的大米”。

真实的故事最能打动人心，在写故事的时候，融入你的真情实感，静静地回忆当时的每个细节，打开身心，就是打开灵感的天窗。

4.提炼标题

文案女王林桂枝在《秒赞》一书中说到，文案标题具备一个通用元素——“获得感”。要做到“为对方分析”，“给对方消息”，“教对方，帮对方”，“娱乐对方”。

所有的文案都要从对方的角度思考问题，尤其是标题，要让看的人觉得这件事跟自己有关，而不是自嗨。

标题决定了一篇文章的打开率，一篇个人故事，最好在3000~4000字左右，有主标题，有副标题，每段还应该有二级标题，以此吸引更多的人打开看，主标题至关重要。

一个具有吸引力的标题通常包含三个元素。

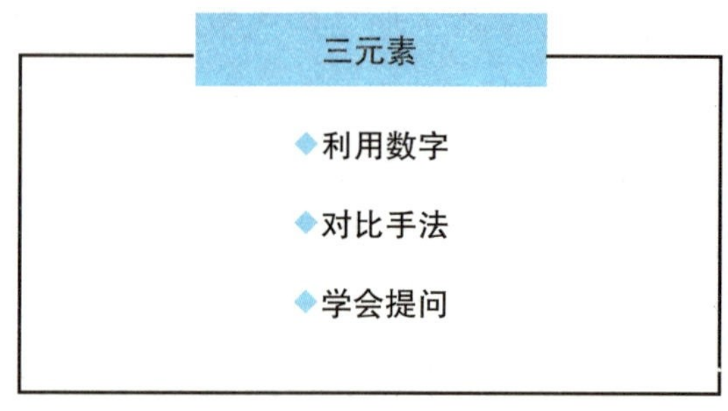

图 2-10　吸引力标题三元素

第一，利用数字。

带有数字的标题能减少读者思考的时间，让他马上就能知道文章的重点。具体化的表达能够激发读者快速做出决策。曾经，我给直播间中奖的朋友送礼物，想要《巅峰销售的8大秘诀》这类书的人更多，这充分说明了数字的威力。比如：

二宝妈妈带领团队完成1000万业绩，如今成为银行业微信营销导师，她是如何通过学习逆袭的？

从月薪700到月薪10000+，再到千万业绩，到底做对了什么？

一年收入20万，为什么会选择放弃？

必看！影响你一生事业飞速发展的3个催化剂！

第二，对比手法。

对比体现的是变化，一般是一大一小、一强一弱、一黑一白、一上一下，从小白到高手这类的话题，这会让读者的感受更加强烈。通过不断反转，牢牢抓住观众的心。反转人生体现的是一种不确定性，充满未知和好奇，激发读者继续往下探究。比如：

一个营销小白如何成为销售冠军，还带领团队做出月千万业绩的？

年薪百万的她，为什么选择裸辞？

见人就脸红的她，如何站在万人演讲台绽放耀眼光芒？

从离开体制，放弃金饭碗，遭遇法律风波，到日入5万，她到底经历了什么？

在利用对比手法的时候，要体现出前后的反差，通过反差激发读者好奇心。比如，“从离开体制，放弃金饭碗，遭遇法律风波，到日入5万，她到底经历了什么？”这个标题前面用了三种场景“离开体制”“放弃金饭碗”“法律风波”，看起来是完全不同的人生阶段，再到极大反差“日入5万”，看到的人就会想，她究竟发生了什么事？

第三，学会提问。

爱因斯坦说：“一个人的提问能力比回答能力更重要。”提问是深层次的思考，聊天高手都是提问高手，提问是打开话题的一种非常好的方式，提问意味着把握了主动权，抢先进入客户心智模型中，锁住注意力。当人遇到问题时，大脑神经会紧绷起来，启动思考状态，注意力会更集中。

提问类型的文案，建议采用“5W2H”分析法，也叫7问分析法。

Who：谁想要获得年赚百万的秘密？

What：真的懂什么是“知行合一”吗？

Why：为什么明明很努力，但是依然很穷?

When：什么时候才能真正看懂世界?

Where：财富蓝图到底在哪里?

How：如何用一分钟学会吸金的自我介绍?

How much：有多少人是因为不明白这个道理，而浪费了大把的时间?

其中常用的是“为什么”“如何”这两类提问，当想不起来用什么标题的时候，就可以用“为什么”这个方法，百试不爽。

标题讲究千变万化，需要根据文案内容优化。对于初学文案的人来说，能够把“数字”“提问”“对比”三类成功组合在一起，就能轻松写出吸引人眼球的标题。

5.传播路径

做营销，不会展示自己就是巨大的资源浪费。我在大一的时候竞选班干部，内向的我想挑战一下自己，便勇敢地走上了竞选台，激情满满地讲述自己的竞选意向，还穿插了一个笑话，自认为讲得不错。结果，投票的时候我一票都没有。我想不通是什么原因，这时我的室友小声告诉我说：“彩霞，你没有说自己的名字。”我恍然大悟，因为我没说自己的名字，大家肯定没办法给我投票。

疫情以后，市场竞争愈发激烈，如何脱颖而出、跑赢市场，在危机中寻找商机?传统行业纷纷转型，如果还是坐以待“币”，最终只会坐以待毙。

刘春雄在《新营销》中这样说：所有接触点都是传播点。传播是营销最核心的工作，因为传播改变认知，而认知决定态度。

著名传媒学者埃姆·格里芬在《初始传播学》中对传播的定义是：“传播是建立和阐释可激发回应的信息的关系过程。”传统的传播是广告投放，包括媒体广告、户外广告等。在一定程度上，传播的路径宽，投入的成本也会很高，尤其是新冠肺炎疫情后，广告的成本越来越高。

一个媒体广告公司的老板跟我说，现在广告不仅越来越贵，而且成交也越来越难。一个电话进线过来，要2~3个小时才能成交，让原本很高的进线成本又增加了不少，原来一条电脑进线的成本基本在几十元，成交价两三千元，还有利润的空间，而现在一条进线的成本在400元左右，产品的单价却没变，再加上成交时期拉长，公司已经苦不堪言了。

在公司艰难求生存的时候，公司的合伙人在公众号写了很多客户见证的故事，最终吸粉10万+，由此引发了这款产品的热卖，把公司从营销困境中拉了出来。

由此可见，故事的威力有多大。我们能持久地记住一件事，靠的就是故事的传播力，端午源于“屈原跳江”的故事；中秋源于“嫦娥奔月”的故事；去年雷军在《我的梦想，我的选择》中提到，有的人买小米，是因为喜欢小米不屈不挠的创业故事；罗永浩直播销量领先，有人在他的微博下留言说：买的是罗永浩的责任心，以及对科技的情怀。

现在，有不少学员看了我的故事，看到我一路成长的轨迹，选择跟随我，因为他们看到我做事业的坚持。他们相信，一个能坚持的人总会成功。

故事的传播路径主要有以下几个。

公众号。把写好的故事发布在公众号平台上，定期更新，持久保存。新加好友后，先发过去一篇个人故事，可以加速对方了解你的进度，快速建立信任感。特别提醒，公众号故事的最后可以添加你的微信二维码，帮助你增加粉丝量。

朋友圈。记录美好时光、朋友之间故事的朋友圈，讲的不就是彼此之间的故事吗？我有一个学员，在准备做产品发售之前，在朋友圈做了个人故事连载，用这种方式预热，以加深潜在客户对他的信任感。

视频号。把个人故事做成短视频的形式，可以广泛传播。当我发出我的第一个个人故事视频的时候，很多人看了以后都很震惊。在快节奏的今天，视频相比文字，给人的冲击力更加强烈，也更容易获得传播。

对于打造个人品牌来说，无论在任何时候，都要记得传播个人故事，个人故事就是营销场。一个营销人员，如果希望别人记住自己，在任何时候、任何地点，都要记得传播自己，尽情展现自己的优势。因为，优秀吸引优秀，优秀成就优秀。

五、个人品牌的五颗定心丸

有人问我，为什么我经历了这么多磨难，还会坚持不放弃？

如果放弃了，那么付费的学员，就得不到成长了；如果放弃了，我也不会有今天的境遇。放弃很容易，真正困难的是如何坚持着一步一个脚印地走下去。

那如何找到一条属于自己的路呢？

第一，聚焦。

戴尔·卡耐基曾经在分析过众多人的失败案例之后，得出一个重要结论：“年轻人事业失败的根本原因之一，是精力太分散。”

确实如此，很多打造个人品牌的人，会同时在好几个领域奋力拼搏，盲目地追赶风口，今天认为文案赚钱，去学文案；明天认为代理赚钱，又想做代理，可是又找不到合适的产品；后天看有人靠拍短视频赚得盆满钵满，又要学着拍短视频。一天，一个月，半年，一年，时间就这样过去了，可是自己还是在原地踏步，甚至可能还不如以前。于是，又开始陷入新一轮的焦虑、迷茫、不知所措中。

一个人再能干，时间和精力也是有限的。如何在有限的时间让工作效率更高，这就要学会聚焦。“百年树木，十年树人。”世界上最高的树在5年时间里就长到156米，相当于50层楼那么高，这因为它树干笔直，几乎没有侧枝，它集中主要精力向上生长，以符合自然生存法则。

有的人，决定要开始做个人品牌的时候，就下定决心，一步一个脚印，脚踏实地，从基本功做起。《学习之道》的作者乔希·维茨金曾说过：“我们能成为顶尖选手并没有什么秘诀，而是对可能是基本技能的东西有更深刻的理解。”比如，你是一颗种子，想要生根发芽，长得更高更壮，首先就要扎根，而且这个过程别人肯定看不见，你只是在默默无闻地扎根，但是只要根扎得足够深，当有一天你破土而出的时候，那便是一个灿烂绽放的生命。

第二，静心。

《大学》中说：“静而后能安，安而后能虑，虑而后能得。”古书蕴含的经典智慧在打造个人品牌时也适用，只有先让自己静下来，才能心安，心安才能深度思考，思考以后才能有所得。

有一段时间，我想快点出成绩，便特别焦虑，于是我每天早上起来的时候先静坐五分钟。刚开始特别不适应，总是觉得大脑不听使唤，会想很多事情，而坚持一个星期之后，我开始特别享受这五分钟的时间，感觉整个人的心都沉下来了，心灵仿佛到了另一层境界。

现在这个能力至上的时代，为什么还有很多人觉得怀才不遇呢？大多是因为太心浮气躁。人生所有的成功都是累积得来的，是从量变到质变的结果，把更多的时间用在提升自己身上，才能不断为自己创造条件。

在一朵花没开之前，要学会静静地等待花开，耐得住寂寞，才能守得住成功。

第三，热爱。

改变世界的爱因斯坦说："对于一切来说，只有热爱才是最好的老师。"打造个人品牌的每一天，我都把自己活得热气腾腾，"唯有热气可抵岁月漫长，唯有热爱，不畏世间无常"。

不用十分在意别人怎么看你，即使有嘲讽，有不屑，那又怎么样？别人不是你，不懂你的人生，每个人都要活出自己的节奏，何必要讨好别人呢？"生命不息，奋斗不止"的信念支撑我一路走来，所以，我没有选择规规矩矩上班，而是选择一条更有挑战的路。

来看这样一个故事。三个工人同时在砌墙，有人问他们在干什么？一个无精打采地说："在砌墙。"另一个笑着说："在盖高楼。"最后一个人一边干活，一边乐悠悠哼着歌说："我在为别人创造美好的生活。"

"人间烟火色，万事岁月长"，这个世界很美好，只要保持热爱、眼里有光、心中有爱，总能找到一片属于自己的云彩。

第四，诚意。

《中庸》说："至诚之道，可以前知。国家将兴，必有祯祥；国家将亡，必有妖孽。见乎蓍龟，动乎四体。祸福将至，善，必先知之；不善，必先知之。故至诚如神。"

如果一个人能够达到至诚的境界，就能预想到未来发生的事。古往今来，老子、孔子等大家的思想能影响至今，正是因为他们有一颗诚意之心。

个人品牌不是打造出来的，而是通过自己的行动一步步做起来的。我的第一个银行出身的学员，我对她服务的时间已经够了，但是因为家里的事情没有处理好，她还没做出成绩，我选择给她足够的时间，带着她一点点突破。因为我的原则是，只要你相信我，我就对你永不放弃！

诚意是什么呢？诚意就是不仅仅是为了赚钱，更重要的是如何帮助对方，这样才能成功。要相信，诚意能创造财富。

第五，知行合一。

知是行的因，行是知的果。“圣人不知，所以知之；小人知之，所以不知”，大部分人都对自己存在“认知偏差”，觉得自己很厉害，殊不知，恰恰因为这样，堵住了继续探求“真知”的路。

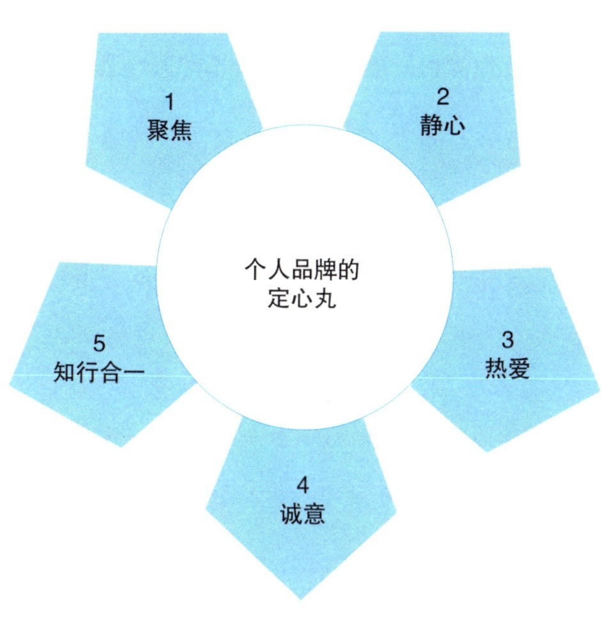

图 2-11　个人品牌的五颗定心丸

学习永无止境。只会越学越多、越学越深。学得越多，才能知道还有什么是自己不知道的，人最可怕的境界不是知道太多，而是你不知道自己不知道。一直停留在“认知盲区”中，认知不提升，事业就会一直卡住不再前进。

有人告诉我："我是个完美主义者，我要做好万全的准备再开始。"什么是"完美"呢？完美是世界上最大的谎言之一。

爱迪生失败了1600次，曾经连续实验45个小时，找到了"完美"的灯丝材料，发明了一个"完美"的灯泡。可是即使是现在，每年也都有新的金属元素进入灯具市场。

杂交水稻之父袁隆平先生，用一辈子的时间研究杂交水稻，实验了1000多个品种，进行了3000余次实验，即使是在生命的最后一刻，他仍然挂念杂交水稻。

可见，先完成，后完善。不开始，永远不知道什么是"完美"。

小　结

个人品牌的成败来源于内心的定力，秉持诚意，做热爱的事情，集中一点发力，先行动起来，静下心，沉下力，扎扎实实地走稳每一步。

练　习

当你在生活中遇到低谷时，你是如何克服的？你认为你最大的成功因素的来源是什么呢？是什么支撑你走向成功的道路？你的成事心法是什么？

第三章　实力铸就个人品牌

一、求知的三种境界

有个朋友来问我："为什么我付费学习了这么久，链接了很多大咖，不管跟哪个老师学习，都是优秀学员，我还很努力，每件事都努力做到最好，有时候一天只睡三四个小时……为什么我还是没有赚到钱呢？"

说一个扎心的事实：当你没有实力的时候，你的人脉、你的努力都分文不值。我们要做的是看清自己，让人生的每一段经历都变得有意义，并努力成为更好的自己。

实力分为硬实力和软实力。硬实力是已经被证明的，看得见、摸得着的，比如你的学历或技能证书，比如大学文凭、硕士学历、教授头衔，考取过AFC、CFC，国际注册会计证书等。软实力是肉眼看不见的，比如，写作能力、情商、修养、文化素养、带团队的能力等。

实力也包括三个方面：天赋、技能、知识。

王国维用三句宋词做比喻，讲一个人从无知到有知的过程。第一种境界用的是晏殊的《蝶恋花》："昨夜西风凋碧树。独上高楼，望尽天涯路。"比喻人能够意识到自己学问的不足，努力寻求打开眼界的方法。第二种境界用的是柳永的《凤栖梧》："衣带渐宽终不悔，为伊消得人憔悴。"能专注地学习，废寝忘食地学习，身体消瘦也不在乎。第三种境界用的是辛弃疾的《青玉案》："众里寻他千百度，蓦然回首，那人却在灯火阑珊处。"比喻学有所成的快乐和愉悦。

孔子曰："生而知之者，上也；学而知之者，次也；困而学之，又其次也；困而不学，民斯为下矣。"

孔子把知识的获取分成三个不同的境界："生而知之""学而知之""困而学之"。

第一种，"生而知之"。天生就具备，不用学习，或者很有天赋，一学就会。也就是我们俗称的"天才"。之前提过的王阳明，他文武双全，从小就展露出过人的才华，属于天赋异禀的一类。

第二种，"学而知之"。通过后天的学习获得，孔子曾经说，他不是天才，懂得的东西都是后天努力习得、不断学习的新知识。

第三种，"困而学之"。遇到困难了才想去学习。平时没有学习积累，到了要用的时候才想去学习，也就是临阵磨枪。

学习的三种境界，不管是"生而知之"，还是"学而知之"，又或是"困而学之"，都需要做到持续学习，才能练就实力。

二、实力 = 天赋 × 知识 × 技能

1.天赋

爱迪生说："天才，是99%的血汗加上1%的灵感。"很多人认为1%是最为关键的，天赋是与生俱来的，是"生而知之"，从出生开始就伴随你的。

其实人人都有天赋，关键看自己如何发挥。

"木桶理论"告诉我们，要补齐一只木桶最短的木板，才能装到更多

的水，而“反木桶理论”提出，不用补齐短板，将木桶倾斜，将最长的木板加到足够长，也可以装很多水。对于学习者而言，要花费心思去学习不喜欢的学科会很痛苦，比如我从小就讨厌数学，只喜欢语文，如果想要获得更多的分数，理论上应该补齐数学的短板。可是，时间是有限的，如果把一天八个小时的学习时间都用在补数学，语文的长板也会慢慢缩减，反而得不偿失。

《国王的演讲》中的王位继承人艾伯特天生口吃，站在广播面前，他只能断断续续地说出：“我……有……事情宣布……”很长时间才能说完一段话。在父亲的强烈要求下，在老师罗格的帮助下，他开始锻炼嘴部肌肉，加强练习，通过物理训练，提高自己演讲表达的能力。终于，他在圣诞节的时候完成了一次成功的演讲。后来，在老师罗格的陪伴下，他进行了一次又一次演讲，鼓励了全国人民的斗志。

从天赋来看，三岁才会讲话的我，是一个不擅长演讲的人，曾经为了录制一个一分钟的视频，我花费了一天的时间，而我的同学，仅用了几分钟就完成了。我擅长写作，每天可以很轻松地完成3000字的小作文，而我的同学为了3000字可能要花费几天的时间。同样是一个月的时间，如果我用来练习演讲，不一定能做好；如果用在写作上，就能完成一本书。

当然，这并不是说，对于不擅长的领域就放任不管，而是说，要分清主次把更多的精力用在天赋以内的事情上。在我写书期间，我给自己规定，在一天八个小时的工作中，两个小时直播，练习演讲；四个小时写作，保持精进；两个小时学习，汲取新的知识。

打造个人品牌，是一场自己跟自己的战争，如何在战争中取胜呢？《孙子兵法》中说，要“集中优势兵力进攻”。

我们的主要“兵力”有身体、人脉和时间。

首先是身体，身体体现了一个人的能量状态，有一个好身体，才能打持久战。在近一年的时间里，我都坚持早起运动，然后再开始工作，这样身体和头脑都能有好的状态。

其次是人脉，也就是能调动的资源，也许刚开始的时候，队伍中可能只有一个人，但是具备一定规模以后，必然会有团队来一起作战，这时候，如何调动团队就非常关键。

最后是时间，也是最关键的内容。与时间赛跑，在单位时间内发挥出最大的效力非常重要，时间是撬动人生的杠杆。

张辉在《人生护城河》这本书中，把时间在人生中的杠杆关系分为四种：

第一种，“无杠杆卖时间”，一份时间，只能卖一次，也只能卖给一个个体。比如，上班就属于这一类，在一天中八个小时工作时间里，你只能属于这家公司。

第二种，“有杠杆卖时间”，一份时间，可以重复卖，卖出的份数与你的个人品牌影响力有关。比如，用一天的时间上一门线下课，之后可以把课程进行剪辑，发布视频吸粉引流；还可以变成线上课程，在各大平台销售；还可以做训练营。

第三种，“花钱买时间”，买别人的时间，把自己的时间空出来做更重要的事情。比如，企业的老板将公司的产品交给员工销售，营销板块交给员工做，策划交给员工做，老板只需要做正确的决策，掌控好公司的发展方向即可。

第四种，花钱买“厉害的人”的时间。巴菲特的午餐曾拍出2418万美元的高价，突破了历史的最高位！2008年，赵丹阳跟巴菲特吃午餐的时候，巴菲特推荐了一只股票，后经过宣传股票大涨，让赵丹阳赚了1.3亿元，巴菲特因此有个不成文的规定，午餐时“不谈股票”。这就是企业家的价值投资。

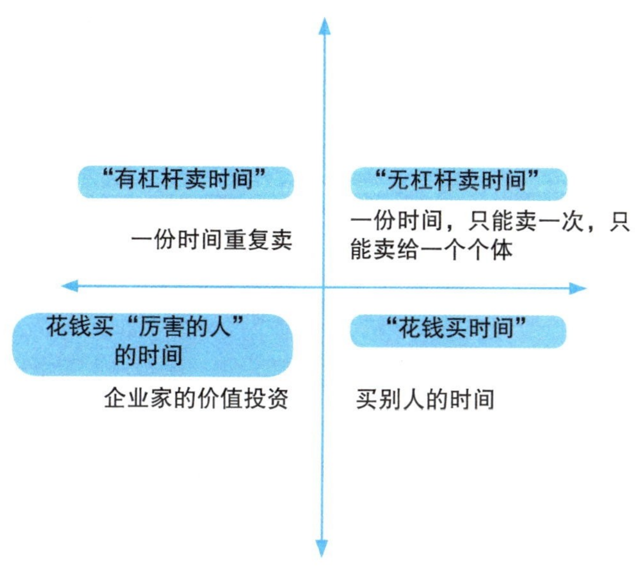

图 3-1 时间在人生中的杠杆关系

如何发现自己的天赋，让你的单位时间发挥更大的效用，从"卖时间的人"变成"买时间的人"呢？

回忆人生经历，有哪些事情能让自己感受到愉悦、开心，身心都能从中得到滋养？

比如我自己，在初中的时候，特别享受文字带来的快乐，所以我要特别感谢我的语文老师。当我的作文被作为范文读出来的时候，当投稿的文章选入校刊的时候，我的内心得到了极大的满足，从此爱上写作。

大三的时候，父亲突发脑出血离世。有很长的一段时间，我都不能从事实中走出来，经常做梦梦见父亲在对我讲话。当时，看着妈妈偷偷以泪洗面，我也默默把这份悲伤埋藏起来，把内心的忧愁、对未来的焦虑、对当下的迷茫，全部转化成文字写下来，把这些随笔当作自我鼓励，变成前行的力量。

工作以后，很少有时间写随笔了，但各种总结、报告却少不了，我的总结可以洋洋洒洒地写几万字；在咨询公司做项目经理的时候，晚上会将当天的培训资料整理成文字稿，这些稿件之后成为总行的学习资料。

开始打造个人品牌后，我正式学习文案知识，从来没有接触文案的我，凭借对写作的热情，不仅朋友圈的文案成为别人照抄、模仿的对象，还经常有人在评论区留言："文案写得真好，借走了。"甚至有人私信发红包表达借文案的感谢之情。一次偶然的机会，我成为年销量10万册的金融杂志《纵观环球银行》的专栏作者。从此，我找到了一个新的出口，通过写作打开一个新的世界。现在，我开始写书了。

于是，我发现，写作是我的天赋所在。

找到天赋有六个方式：

第一，专业测试。利用专业测评工具找到天赋。这类测试通常会随着能力的变化而变化。

第二，倾听他人的声音。问一问周边的朋友，在他们眼里，你最擅长什么？说不定，还会因此收获一些惊喜呢。

第三，高光时刻。找到你生命中的高光时刻，都是因为什么经历让你身心愉悦。人在做天赋之内的事情时，是轻松的、愉快的。

第四，生命力量。到底是什么事情能够激励你前行？比如我的写作，在我人生低潮的时候，让我内心有了一方宁静的空间，多了一些精神的慰藉。

第五，兴奋雷达。让你兴奋的点是什么？从我的"听""说""读""写"四项能力来看，当听到敲打键盘、看到文字跳出来的时刻，我的内心会无比兴奋。

第六，不断实践。生命中有很多的节点，也许你短时间还没发现你的天赋，也许它隐藏得比较深，多多尝试做新的事情，启动你的隐藏天赋。

围绕六个维度，找出重合的部分，找到核心天赋所在。

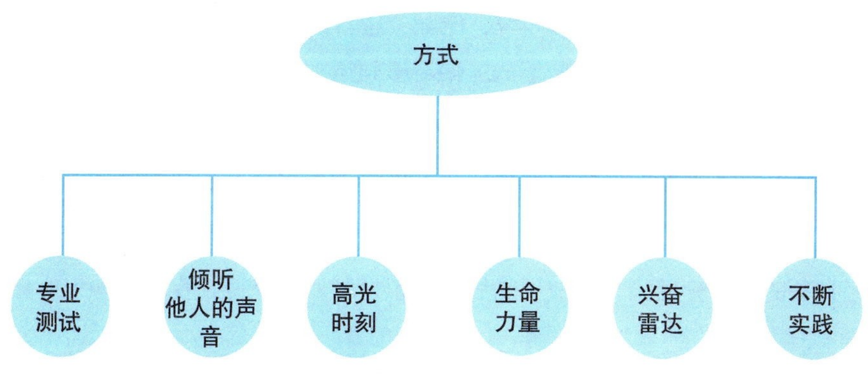

图 3-2 找到天赋的 六个方式

2.知识

培根说“知识就是力量”，无数事实证明，这句话确为至理名言。知识就是力量，前提是把知识运用到实践当中。知识用起来，才会有力量。三国时期的刘备如果没有“三顾茅庐”请诸葛亮出山，诸葛亮的一身本领、满腹知识、鸿鹄之志，恐怕就没有用武之地了。

为什么很多人说听了很多道理，依然不知道该怎么办？最大的原因是“知”和“行”没有“合二为一”，很多道理，你只是“晓得”，还不是真正的“知道”。实践出真知，想要真正“知道”，就要去行动、践行，但凡没有行动，就都不是“真知”。

人和人之间的根本区别在于认知，认知的不同，决定了世界的不同。对于大部分人来说，知识是散乱的、不系统的，好像一颗颗珍珠，需要线串起来，才能成为珍珠项链。把散乱无章的知识，外化于行，内化于心，系统化、立体化地展现出来，发挥出作用，开启新的认知，才会让知识变得更有价值。

当我从管理咨询公司辞职，开始担任银行培训讲师的时候，为了更好地服务学员，学习了很多内容，比如，银行的服务礼仪、服务流程、规章制度、档案整理、工作汇报、视频剪辑制作等，后来又接触营销类的培训，便开始学习厅堂营销、电话营销、沙龙营销、微信营销、外拓营销等。当时我是以助理或者项目经理的身份跟随资深的培训师学习，但是我很快发现，这种学习方式存在严重的知识壁垒，我学习到的都是其他人已经具备的一部分经验，能做到的只是知识复制。简单说，我就是知识的搬运工。

王阳明说："未有知而不行者，知而不行，只是未知。"想要建立属于自己的知识体系，不能只是照搬书中或者专家的知识体系。

查理·芒格曾说，如果要梳理一套专属于自己的知识体系，需要明白这样的道理：

"如果你只是孤立地记住一些事物，试图把他们硬凑起来，那你无法真正理解任何事情……你必须依靠模型组成的框架来安排你的经验。"

如果能真正理解这句话，相信你也会发现一个全新的世界和认知。

短期来看，复制知识是最快的一种方式，但是从长期来看，有一套自己的知识体系，工作效率才是最高的。

对于知识的概念，没有一个统一、明确的界定。但是有一点是肯定的，知识是力量，知识可以改变命运。所以，知识可以带来价值，是你人生的放大器。

知识是后天获得，而且需要借助外部力量得到的。比如，一个专业的财富规划师，如果要清楚地告诉客户现在的市场环境、客户所在阶段、适合什么类型的产品、如何规避风险等，这就需要有长期的知识储备，才能做出准确的判断。

在《你的知识需要管理》一书中，根据个人意识和自己对“知识”实际知道的状态，把知识分为四个象限。

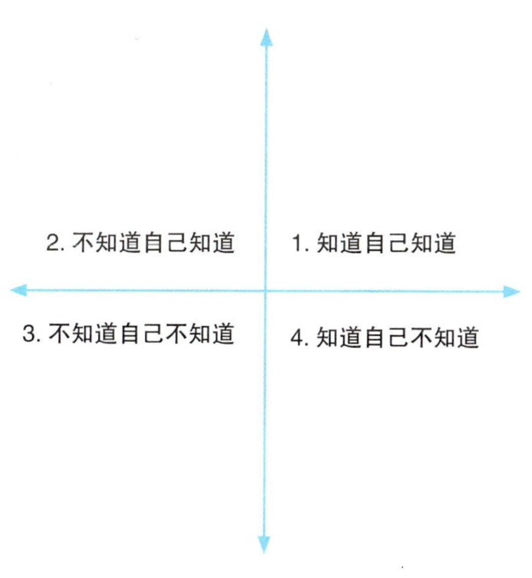

图 3-3 知识的四个象限

第一类，“知道自己知道”。常识性的知识属于这一类，它们属于不用继续学习的知识点，就像大家都知道太阳东升西落那样，可以随时取用。

第二类，“不知道自己知道”。属于认知盲区，需要通过深入的学习获得，要么通过阅读，要么通过向上链接，以拔高认知的级别，将“不知道自己知道”转化为“知道自己知道”。比如，现在还有很多人，不知道个人品牌能够提升自己的影响力，从而轻松做出业绩。

第三类，“不知道自己不知道”。这类知识有两种，第一种，知识在潜意识中，在思考一个问题百思不得其解的时候，突然有一天，灵光乍现、恍然大悟，就属于这种情况。因为我们的部分知识储存在潜意识当中，当某种场景出现的时候，潜意识当中的知识就会激发出来。第二种，知识在你的认知以外，在认知以外的知识就需要进一步的学习。

第四类，“知道自己不知道”。这需要对自己有深入的了解，提高自我认知。比如，在打造个人品牌的过程中，不断挑战自己，保持深度思考的习惯，做难而正确的事情，发挥自己的学习力，运用发散思维，总结经验，善于复盘，在实践中得出真知。

知识的获取路径多种多样，谨记一点——实践出真知。

3.技能

李白有一句诗叫“天生我材必有用”，每个人出生到世上，就有自己的才华，不过需要找到一种方式，将才华发挥出来，技能就是发挥才华的一种载体。

门萨智商测试表明，全世界50%的人的智商分值在90~110分，莫扎特就是其中之一，莫扎特的技能载体是音乐；全世界智商最高的10个人之一——澳大利亚阿德莱德的华裔数学家陶哲轩，他的智商是230，他的技能载体是数学；世界上最伟大的物理学家之一霍金，智商是160，他的技能载体是对宇宙论和黑洞的研究。

在一个行业内，95%的人的能力值是50~70分，只有极少数人能达到90分，其中相差的20分需要依靠深度思考、深度学习、深耕细作来提升。

技能的提升来自刻意练习，在《刻意练习》一书中，提到了“正确的练习”，从平凡到卓越，需要有导师、有目标、有反馈……

莫扎特的父亲是一名音乐老师，也是一位有天赋的小提琴演奏家和作曲家。为了让莫扎特完成自己的音乐梦想，他花费了很多心血，在看到了莫扎特身上的音乐天赋后，更是全职在家培养他。可以想象，在如此环境下，莫扎特必然受到了高强度训练。我国著名钢琴家郎朗也曾在节目中透露，“他的童年里，都是钢琴”。

莫扎特作为音乐天才，被认为具有“绝对音感”的天赋，但2~6岁的孩子从小开始学习，也可以通过后天训练提升这个能力。

柜员要掌握存取款、开户、挂失业务、打字、点钞的技能；会计要掌握结算的技能；客户经理要掌握沟通、活动组织策划、产品分析等技能。这些技能在能力分配中只占30分，即使再熟练，依然还是占30分。但如果有老师指导，告诉你如何制定总体目标、阶段目标、当下目标，带着目的去练习，练习完以后再复盘和纠正，不断精进，就能从30分走向80分。

哈佛大学曾经公开一种“PBL教学法”，是一套以解决问题为导向的教学方法，它不再遵循传统的老师教、学生听的模式，而是一种符合成年人的学习方式。成年人已经有一定的知识储备，相比获取知识而言，更多的是希望获得解决问题的能力。

在营销沟通技能掌握方面，可以设置不同的场景，按照下面的步骤完成一项技能的掌握，有目的地进行演练。

第一，从客户行动路径演练。分成客户进门前、进门后、取号时、到等候区、填单台、智能柜台、低柜柜台、离开时、离开后等场景。

第二，从客户类别演练。区分老年客户、青年客户、男性客户、女性客户、商户、企业客户、高净值客户、长尾客户等。

第三，从产品类别演练。分成存款、基金、保险、贵金属、信用卡、储蓄卡、手机银行、商户二维码、对公业务产品等。

第四，演练点评。总体原则是，客户提出的问题要有代表性，演练人员以真实场景投入，围观者作为导师团给出点评，尤其是管理者应适当给出指导意见，共同分析提升点。

第五，演练者结合点评意见进行二次演练。关键在于演练者是否能真正掌握技能。如果没有掌握，再进行第三次、第四次演练，直至完全掌握，无论遇到哪些场景，都能做到脱口而出。

第六，监督执行。没有监督执行，前面所有的步骤都等于零。就像一流的团队如果只有三流的执行力，就只能得到三流的结果一样。作为管理者，需要采取随机抽查的形式，对员工的营销技能把关，形成技能提升的良性循环。

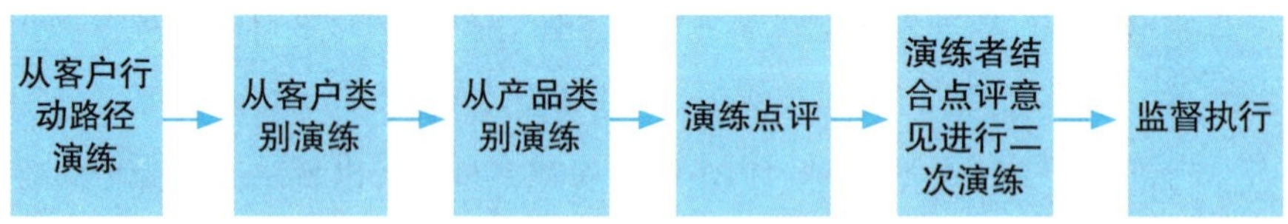

图 3-4 演练的步骤

通过“PBL教学法”，在技能演练提升的过程中，提升每个团队成员解决问题的能力，激发参与者的沟通、创造能力，全方位提升技能水平。将理论和实际相结合，串联各类知识点，激发自主学习的动力，适当地利用工具，最终得到演练结果。比如模拟演练一款存款产品的营销，学员在完成的过程中，需要做到将理论和现实相结合，要用到产品知识、沟通技能、服务礼仪、客户心理把握、借助宣传工具，可能也需要团队配合，共同完成目标。

成果完成以后，可以制定成为标准的SOP，作为新员工的培训资料，这样就可以在岗位内经验内化，实现知识资产沉淀，助力企业持久发展。

三、实力价值百万

我有一个私教学员海燕，在银行系统工作了28年，从柜员升任至分行的管理岗，获得的专业证书挂满墙壁。她大学专业选的是法律，后来考取了工商管理硕士、美国注册财务规划师、注册信贷分析师、高级财富管理师、高级私人财富规划师、养老规划师、财富传承师……从这些证书看，从这些证书看，硬实力十分强。辞职后，她准备自己创业，于是花了一大笔钱学习，但是始终没有找到方向。最终，她选择打造个人品牌，进入了保险行业，顺利搞定百万大单，提成10万元以上。

我跟海燕相识的时候，她还在银行做分行领导，我去分行做培训师。她告诉我，之所以对我印象深刻，是因为我在以前培训中，给他们分行额外赠送了一节价值8000元的手语课。所以，当她看到我在创业时，第一时间选择和我一起并肩作战，可以说，是我的软实力征服了她。

下面是她做成百万订单的故事。

作为一个在银行工作了28年的人，海燕去过国有银行，也去过股份制银行，从柜员到中层管理岗，一直在做银行的常规业务，诸如存款、理财、贷款、办理信用卡等。海燕离开银行主要是因为她感觉年龄已经在行业内没有优势了，也做到管理岗了，几乎没有上升空间，但是自己重视身体健康，现实又很内卷，最终下决心离开银行。

作为银行的从业人员，海燕是专业的，不管在管理经验方面，还是在人脉方面，她都很有自信。所以，选择离开银行时，她对未来的规划还是自信满满。

离开银行后，海燕开始创业，开了家族办公室。在和客户交流业务过程中，她发现客户资产配置的终点是保险，也就是保险信托。保险能够满足客户资产保值、法律风险隔离、规避婚姻风险、资产传承等需求。

对海燕来说，保险的佣金是整个行业中比较高的，而且又是轻资产创业。经过几番考察后，海燕选择平安保险。这个时候，海燕制订了自己的目标，与学习到的个人品牌内容结合起来。

刚开始，海燕不敢实践。她身上莫名的包袱特别多，担心别人怎么看自己，担心发朋友圈被拉黑。但是已经投入保险行业的现实让她不得不将重心放在工作上。

进入保险公司后，同事都认为海燕人脉很广，不用担心没业务，但是做起来才发现，真正能帮你完成任务的人，往往都是陌生人。

想卖好保险不那么容易，要给客户讲10分钟相关知识，背后就要准备一个小时。海燕刚开始做保险时，联系以前的朋友，但朋友基本上都说："我都买全了，我全家都买过了。"

但海燕并没有放弃。

第一，按照我的指导，海燕对微信的通讯录进行分类。

一位客户被海燕分到"宝妈VIP"类，她属于自己挣得不多，但老公挣得相对很多的情况。

第二，海燕对这位宝妈发的朋友圈除了点赞，还会评论。

宝妈特别喜欢别人评论她的孩子，有关小朋友成长的点滴，宝妈也很喜欢和别人分享。这位客户是海燕七年前偶然认识的朋友，在微信里基本没什么交流。在这位宝妈的朋友圈中评论了一段时间后，她们才有了几次交流。有一次，海燕在客户一条"晒娃"的朋友圈下评论说："宝宝好可爱啊，看着真高，随你老公吧。”

客户随之打开话匣子，不停地说儿子和老公哪里哪里像……后来在交流中，海燕很随意地问，宝宝有没有买保险啊。

她当时说都买全了，海燕没有继续问下去，还把她在通信录里的分类调整了一下。像这种客户已经买齐保险的情况下，不能再每天给她看关于重疾险的内容了，而应该增加理财产品的展示。

第三，大多数人卖保险，开场白都是：“我们有一款产品………”特别是银行从业人员，总是说“我们有一款产品”，也不论是否适合客户。

以我对保险销售的理解，一定要先了解客户的情况，知道她的痛点。比如海燕的这位客户，海燕在和她的交谈中察觉到她对未来孩子的成长很焦虑，其未来婚姻的情况也有很多不确定性。

因此，海燕给她推送的都是，现在存多少钱，孩子成年以后可以领多少钱；钱怎样保值；怎样把钱变成孩子的婚前财产；怎样在离婚时，自己已经有几百万资产而不会亏了孩子。

推送产品的案例完全符合这位宝妈的现状，她被产品海报中呈现的“购买100万元保险，到期后，最终受益金额能达到827万元”吸引住了。于是，她给海燕打电话，要求第二天见面聊聊。

见面的时候，她带了孩子、老公、保姆，属于全家出动。海燕也给孩子准备了一个奥特曼，这样不仅有礼貌，而且大人们在聊天时候，孩子也会专注在玩具上不会哭闹。在给夫妻俩讲产品的时候，宝妈的老公觉得挺好，但是含糊地说：“钱是老婆管，我自己无所谓。”而宝妈提道：“我老公可孝顺了。”海燕当时马上想到，这个产品缴纳100万元后，是有居家养老服务的，然后海燕重点说了这个产品，如果连续10年每年缴10万元，他的父母就可以享受居家养老服务。

男客户听了很动心，但表态让海燕和宝妈定。最后，两人说晚上回去商量一下。当天晚上，海燕没有打扰客户，第二天上午10点，海燕单独给这位宝妈发了消息。

“昨天你老公在，我没有讲这个产品的另一个重要功能。

“你是投保人，孩子是被保人，10年给孩子存100万元。即使以后你们俩的婚姻出现问题，但这个钱就是留给孩子的。

“即使你老公生意不好，想要这个钱，他也取不出来。”

这位宝妈又跟海燕确认，她老公是否能背着她单独取出钱来。海燕回复：肯定取不出来。

海燕从法律角度跟她一再讲解，投保的钱父母是取不出来的，即使以后孩子结婚，也是孩子的婚前财产。

上午谈完，下午就顺利地签约了。在签完后，这位宝妈又说：“姐，我想给我儿子买一个比较全面的重疾险，你给我推荐一个吧。”

起初，这位宝妈明明说已经给孩子把保险都买全了，可见是因为海燕比较专业，也能抓住她的痛点，所以已经很信任她了。于是，这位宝妈又签了一份比较全面的重疾险。

在签完这个保单之后，海燕告诉我，她最大的感受就是：作为保险人员，一定做到专业、真诚。客户本人是学金融的，她问的很多问题都关系到合同的细节，必须有专业性的答复。真诚就是，能做到的就回复能做到，做不到的就如实回答做不到。

越是签大单，细节越重要。海燕第一次签50万元单子的时候，在跟客户签完合同后，她忍不住笑了。没想到客户第二天就退保了。后来过了很久，客户才告诉海燕，因为看到她笑，感觉自己上当了。

所以我总结，在银行工作的人不容易卖保险大单，最主要的原因是他们给人的感觉像卖理财、基金产品一样，只讲收益。

真正能卖出大单的销售员，一定要以客户需求为重心！

在海燕的案例中，她能成功签订百万大单，最关键的一个环节就是，她曾经学过法律专业，能够从法律的角度向客户分析如何选择一款更加适合他的保险产品。

下面来分析一下海燕的实力水平：

第一，硬实力。拥有美国注册财务规划师、注册信贷分析师、高级财富管理师、养老规划师、财富传承师、中华遗嘱库义工、法律专业毕业生、工商管理硕士等头衔。

第二，软实力。懂礼节，见客户的时候会给客户的孩子准备小礼品；敏感度高，当客户提到老公很孝顺的时候，马上联想到产品中包含的居家养老服务；善于复盘，一个50万元的订单不翼而飞后找到原因，努力改正。

海燕案例中的这位客户，对于保险人员的硬实力、软实力都有要求，尤其是硬实力，即是否够专业。如果没有法律专业的背景，仅仅靠人情关系，很难打动已经买过保险的专业型客户。

对于一般客户，保险销售人员通过自己很强的软实力也能拿下订单。比如我自己，当初买下人生第一份保险的时候，看中的就是销售人员很懂礼节这个优点。当时正怀孕八个月的我，在小区门口遇见了一家保险公司的工作人员，想到自己从单位辞职以后，也没有继续缴社保，以后还要经常出差，为了安全着想，于是上前询问了一下，也表达了购买意愿，不过并没有决定什么时间购买。

有一天，我在小区散步，又遇见了那位保险公司工作人员，她手上拿了一本书，看见我马上走过来对我说：“你马上要生孩子了，这是一本坐月子的书，也许你能用得上。”我瞬间对她多了几分好感，觉得她非常细心，值得信任。

我生完孩子以后，有一天，她礼貌地上门，想要随一份礼，我本是拒绝的，毕竟关系还不亲密，但是她走得很快，也没说其他的话，我抱着孩子也不方便追，但是内心觉得很不好意思。怀着一份感谢，第三次我们见面的时候，我直接买了她推荐的保险，当然这份保险首先很符合我的需求，我们又住在一个小区，之后有什么问题很方便沟通，并且我很欣赏她的为人。

但是买过保险以后，我发现她的态度有了变化。逢年过节，她只会给我送一些保险公司统一配送的小礼品。每次来我家，没说几句话就开始谈保险业务，不是推荐给我的先生，就是推荐给我的孩子，听得多了，我反而麻木了。最后，我家先生只能明说，他有很多卖保险的朋友，如果要买，肯定也是找朋友买，她这才作罢。

从此以后，在微信上她跟我的交谈都是参加活动的邀请，或者提醒缴费的信息。

其实，相对于专业型客户来说，情感型客户在成交中更加看中的是对方给自己带来的情感价值，也就是说，聊天是否开心，相处是否愉快，对方是不是真的懂自己。

所以，作为一名销售人员，在硬实力够强的情况下，软实力的打造也不容忽视，甚至决定你的业绩到底能不能做得更长久。

四、有优势，大胆秀出来

中国人讲究“内敛”“不冒尖”“含蓄”，怕“枪打出头鸟”。即使有实力，也不敢轻易“秀”出来。

我的学员海燕曾在自己的个人品牌故事中写道："刚开始，黄老师私教课的内容，我都不敢去实践。身上莫名的包袱特别多，担心别人会看轻自己，担心这样发朋友圈会被拉黑，可现实又让我不得不去做。"

海燕来找我的时候，为一件事纠结了很久。她曾在银行深耕28年，其中大部分的时间都是在管理层工作，已经有了一套固定的思维方式，对于个人IP的概念还没有建立。发朋友圈这样一件很小的事情，她纠结了半年，担心别人以为她是在做"微商"，还跟我讨价还价，我要求她一天发五条朋友圈，她说两条行不行，因为不想被"拉黑"。

我告诉她："如果你不想被可能拉黑你的人看到，直接屏蔽他们就好了，而且如果你发的内容好，怎么会被拉黑呢？即使真的有人拉黑你，又有什么可惜的呢？只能说明一个问题，这个人不是你的目标客户。而如果是你的朋友拉黑你了，说明她也不是你的真朋友。什么是真朋友？真朋友看到你在做事业，会祝福你、帮助你、支持你。而且，在我的朋友圈里，做微商的人，一天要发30条以上才能被人看到一两条，你只发五条，你的朋友每一条都能看到的概率跟中彩票的概率差不多。所以，大胆地发朋友圈吧，能看到都是有缘人。"

为什么要求她每天至少要发五条朋友圈？我在给普益财富做朋友圈营销培训的时候，对来自全国营销系统的精英做了一份调研，结果显示，排名居中和排名靠前的销售精英，每天朋友圈的平均数都是五条，所以这个要求是非常合理的。

智银丽老师和学生王青曾经针对初中生做过一项有关自我表露及信任关系的研究，结果显示自我表露和人际信任关系成正比，自我表露的程度越高，人际信任关系越好。而朋友圈正是自我表露的有效方式之一。

表 3-1 普益财富全国营销精英朋友圈发送数量调研

类别	发布朋友圈平均条数	朋友圈内容频次分布		
连续三届入围，排名前十	5	财经早报 1 条	产品 2 条	生活 2 条
连续三届入围，排名居中	2.5	财经早报 1 条	产品 1 条	生活 1 条
连续三届入围，排名靠后	1	财经早报 1 条	产品 0	生活 0

表 3-2 初中生自我表露及信任关系研究

项目	平均值	最小值	最大值	标准差	样本数
自我表露	1.60	1.05	3.00	0.13	126
人际信任关系	73.13	25	125	9.84	126

注：从表 3-2 可见，高分组与低分组的中学生在人际信任状况上差异非常显著，自我表露越多，人际信任越高。

国内著名商业咨询顾问刘润曾说过："你赚不到认知以外的任何一分钱。"一个人的认知有12.5%来自知识，有87.5%来自人脉。

人脉链接有三种方式，第一种是向下链接，即认知水平不如你的人，你需要帮助并成就他；第二种是平行链接，即认知水平和你差不多的人，大部分人的链接都属于这一类，他们会鼓励你、认同你、支持你。第三种是向上链接，即认识水平比你高的人，他们会帮助你快速破圈，实现思维升级。

五、朋友圈是展示实力的重要阵地

腾讯企业微信高级总监陆昊提出：疫情过后，再无纯粹的“传统企业”，越来越多的企业意识到私域流量的重要性，也就是，企业必须要实现在线触达用户。

现在，银行链接客户可以通过短信、电话、邮件、个人微信、企业微信、官网、公众号、小程序、QQ、微博、B站、APP等方式。

然而，根据不完全统计，目前，微信私聊的打开率是35%，微信群为8%，公众号为3%，而短信、电子邮件、APP加起来不到1%。

所以，想要加强与客户的深度链接，微信是目前做私域的最好工具，其特点是可触达、有黏性、可信任、能转化。

以银行营销为例，通常情况下，银行的线下营销路径是，一个客户到了银行，排队等待，办理业务或购买产品，离开银行。离开后，因为服务、产品或其他因素，客户可能会跳单到竞争对手那里，在整个营销过程中，银行属于被动等待的角色。

线上营销则不同，一个客户在微信上产生了购买行为，然后“离开”，但是在客户“离开”以后，仍可以通过诸如加好友送优惠等形式反复触达客户，由于客户始终在微信里，所以可以一直产生效益。

在微信上，用户是自己的，而且不用额外付出购买流量的成本，对现有的客户还可以通过朋友圈、社群等方式，持续运营和维护，反复触达。

1.企业微信与个人微信

在企业微信上，原来是每个用户每天只能看到一条朋友圈（每个好友只能发一次），而且不能查看好友的朋友圈，这就很难触达客户，即使是企业微信更新后，每天也只能发三条内容。

在个人微信上，每个用户每天都可以查看自己和好友的朋友圈（不限条数）。

相比企业微信，个人微信更加适合做客户的深度链接、情感触达以及客户的长期维护。所以，当客户需要添加企业微信的时候，可以一并添加个人微信号，具体操作步骤如下：

第一步，扫微信二维码添加好友。让客户扫码是关键的一步，也是微信添加好友的礼节，让对方扫自己，就好像我们主动跟客户打招呼一样。

第二步，点击“去企业微信添加对方”，注意，一定是先添加到企业微信上。

第三步，点击“前往验证”。

这样，客户不仅在企业微信上，同时还留在了我们的个人微信上，两个通道都能触达到客户。

2.朋友圈布局

客户维护是一项细水长流的事情，需要持续深耕、持续经营，所以做好朋友圈的布局至关重要，这是一套充满人性密码的朋友圈自动成交布局系统，分为生活圈、成交圈、专业圈三大板块。生活圈用于展示个人的生活；获取客户信任，专业圈用于体现自己的专业，获取客户认可；成交圈用于挖掘客户需求，引导客户主动购买。这三类圈的占比应该是生活圈占20%，专业圈占10%，成交圈占70%。

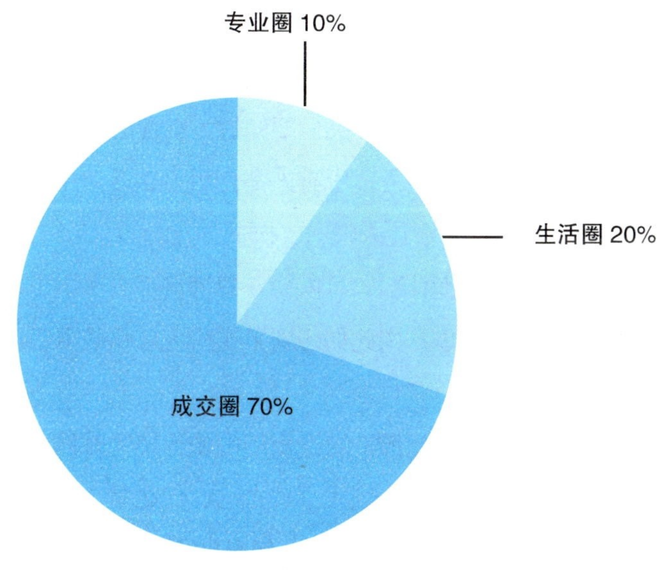

图 3–5 朋友圈占比

微信朋友圈的展现是自我表露的一种形式，你可以多次重复触达目标客户。一个陌生人如果可以了解你的生活、你的价值观等与你有关的事情时，做业绩会很容易；相反，如果你不对客户敞开心扉，客户不了解你，可能很难成交。

（1）生活圈

要获得成交，信任是基础，无信任不成交。怎么能让别人信任你呢？就是通过生活圈全方位展示自己，努力让别人了解你。

我去广州培训的时候，认识了一位信贷部经理，他的业绩做得特别好，在其他客户经理都为给客户开信用卡头疼的时候，他的客户的产品绑定率却一直特别高，基金、保险、贵金属、理财、信用卡等的业绩都非常好，而且那些熟悉他的老客户，不管他说什么产品都会去买，可以说，没有搞不定的客户。我问他秘诀是什么。

他说，因为客户觉得他这个人很有趣。我看了他的朋友圈，真的很有趣，随便打开一条都可以让人开怀一笑。要知道，有趣的灵魂万里挑一，而同频的人会相互吸引。快乐的人，所有人都会想要靠近，在快节奏的工作压力下，看到解压的朋友圈会让人瞬间放松不少。

如果不知道要在朋友圈发什么，可以想一想每天都去哪里了，跟谁在一起，吃了什么，做了什么事，由此你想到了哪些人、哪些事，这些都可以作为朋友圈的素材。

想一想，在你发孩子的生活照、自己出门的旅行照的时候，点赞率是不是特别高？卖产品之前，要先让别人了解自己。什么是个人品牌？就是用自己的生活圈，打造出一个独特的自己，展现自己的价值。

比如，“晒”孩子，就可以从多个角度来发朋友圈，对孩子的爱，对孩子的教育，还有跟孩子在一起点点滴滴等。一条素材，如果把思维打开，可以发十几条不同立意的朋友圈，我曾经试过用一条素材发了15条朋友圈。

这个素材就是“晒”孩子，图片都是孩子的照片。

第一条，是引子。

天气很好，阳光很暖，适合出来晒娃。

第二条，开始说事情。

昨天，有人问我怎么做时间管理，怎么平衡事业和家庭？

你猜我怎么回答的？

其实很简单，

见缝插针，做时间的朋友。

比如现在，弟弟在我对面专心地吃面包。

我在发朋友圈，你在刷朋友圈。

第三条，体现价值观。

家庭和事业，从来没有什么平衡点。

只不过，

要管理好自己，

时刻记得自己的使命和责任，

才能让自己的事业扬帆起航。

第四条，继续体现价值观。

关键不是没有时间，关键在于想不想干。

很多人说没时间发朋友圈，怎么会呢?

孩子吃个面包的功夫，我已经发了四条了。

只要你想干，就没有什么干不成。

第五条，孩子的教育。

保持好奇心，才能更好地认识世界。

孩子的好奇心可以加速他对世界的认识速度。

今天上午，带孩子出来玩，

他这里看看，那里瞧瞧，一刻都停不下来，

即使是一片叶子也要研究一番。

像这样，只要找准角度，同一件事情可以发很多条立意不同的朋友圈。

还可以在朋友圈晒自己，比如去学习的时候，就可以表达对老师的感激之情，我是这样写的：

人生最大的幸运，不是赚了多少钱，中了多大奖，

而是有一天，你遇到了一个人，

他点醒了你的智慧，激发了你的欲望，照亮了你的人生！

你有这样的感觉吗？

生活圈的核心是用一件事反映自己对生活的态度，高级的生活圈是能体现人生观、价值观。我在“晒”自己成绩的时候，主要是体现观点，让人感觉不是赤裸裸的炫耀，而是分享的心态。比如：

日积月累，就是最快的路。

2011年，从青涩的大学生做到100多人销售团队的经理，成功培养八位团队长；

2013年，进入咨询公司，带出两个优秀的徒弟，成为公司的顶梁柱；

2016年，开始做讲师，累计教授10000+名学员从零开始做营销；

2021年，启动微信营销系统，链接线下线上，帮助学员从0到日入过万，日入3万，日入10万；

……

没有什么是一蹴而就的，只不过是日积月累的坚持！

一条好的生活圈要把握三个度：生活的态度、文字的温度、思想的高度。不是单纯地说事情，而是通过一件事，告诉别人一个道理，以及自己对这件事的理解、看法，要用送礼物的心态来发朋友圈，分享自己的心得与人生感悟。

生活圈是为了增强信任感，有了信任的基础之后，还需要让客户看到专业性，那怎么体现自己的专业性呢？

我曾经问过每年赚几千万、上亿甚至几十亿的行业大佬，他们希望自己的理财经理是怎样的人？很多人都会回答："靠谱。""靠谱"其实就是专业性的体现，而这通常是我们很多人会忽视掉的。如何让人通过朋友圈就能看出你是一个靠谱的人呢？其实很简单，你想一想，在一个人做了一件事之后，如果做得好，我们就会评价他"靠谱"。

靠谱要从做事的态度体现，也就是积极正面的态度，以银行业为例，比如同样是加班，有的人会说"加班好累啊"，有的人会说"又一次搭上了回家的末班车"，还有的人这样说：

所有成功的背后，都是努力的结果。
快10点了，
我已经连续接待了10位客户，整理了6位客户提交的资料。
忙忙碌碌一整天，
还是有好多计划的事没干，恨不得一天多出10个小时。
所以，
看上去的"轻松赚钱"，背后其实都是，
看不到的努力。

或者说：

时间花在哪，结果就在哪。

今天一整天都在接待客户，

下班以后又在整理客户资料，

算一算，今天已经持续工作10个小时了。

但是，对真正热爱的事情就要全身心投入，

因为，时间花在哪，结果就会出现在哪。

客户看到以后会特别感动，印象还会很深刻，会认为这个客户经理很努力、很认真，做事很负责，把事情交给他来办，很放心。

（2）专业圈

专业圈包括两类，第一，是体现对专业知识的掌握，对于金融人士来说，就是对市场行业的把握、资产配置的分析等；第二，是产品海报、宣传视频等。

早期的微商发朋友圈为什么让人反感？因为产品广告太多了，满屏都是产品海报、图片，或者是一些宣传视频等。

很多银行从业人觉得微信营销难做，发朋友圈也没有人咨询，原因就是一打开朋友圈，全部都是硬广，有的甚至连文字说明都没有。不过，广告内容是必须要放的，而且要展示所有类型的产品，因为你并不知道，客户到底会为哪一种产品来找你，而且不将产品全部展示出来，客户也不会知道的。

一家银行的大堂经理告诉我，在给客户分发信用卡宣传折页的时候，客户会惊讶地说："你们行居然也有信用卡，我还以为只有股份制商业银行才有呢！"由此可见，即使产品摆在厅堂，不亲自告诉客户，客户还是不知道。线下如此，线上也是如此，好东西就要展示出来，让更多人看到。

以银行业为例，在朋友圈只发一款20万元的大额存单广告，有的客户是想存款的，但是不能一次性拿出这么多钱，所以就不会关注。但是，如果发了较为全面的产品清单，比如，五万元也有收益不错的存款产品，或者一块钱起存就能享受理财收益，还能灵活支取，就会有很多客户心动且行动。

作为一名销售人员，掌握专业知识是基本要求。如何让客户看到你的专业性呢？如果朋友圈里有理财经理微信的人，可以关注一下，每天固定的时间，你会刷到很多理财经理在发同样的财经信息，他们用的软件是"Beta理财师"，支持将财经信息、基金、保险、理财规划、养生信息、正能量信息等一键转发，而且能够显示名片信息，包括头像、所在工作单位、专业证书、工作经历、教育经历等，还能配上短视频或者图片介绍，在转发朋友圈的时候，文案及注册时的名字、手机号都搭配好了，只要一键转发就可以，简直是金融人士的朋友圈宝库。可是，千篇一律的转发，没法凸显自己的独特个性。

如何在海量信息中脱颖而出呢？在信息大爆炸的时代，需要有人从海量信息中，挑选出对客户来说最有利的信息。正确的做法是：

第一，选取财经新闻。从财经软件或者财经网站上选取热点新闻，提炼重点信息，可以借鉴的资源有"天天基金网""东方财富网""Beta理财师""财联社"等。新闻有个特点，就是将重点信息放在前面。所以，我们只要选取前面的部分，或者直接用原文的标题就可以了。

第二，结合产品。将财经信息与产品相结合，看你选中的财经信息能够引发客户购买哪一类产品。

第三，表达观点。通过自己的观点，引发客户的行动。

比如，作为一个客户经理，最近的营销重点是贷款产品，一条财经信息显示“2021年，我国进出口规模突破6万亿美元大关，外贸增量达1.4万亿美元，同比增长21.4%”，对此我建议客户经理的朋友圈文案可以是：

从事外贸生意的朋友，有好消息啦！

最新消息：2021年，我国进出口规模突破6万亿美元大关，外贸增量达1.4万亿美元，同比增长21.4%！

对你意味着什么呢？

国家在支持做外贸生意的朋友！

生意成本不够怎么办？

要用钱，找××（银行名称），这里有好政策！

××（贷款产品名称）利率低至3.8%！最高可贷300万！

专业圈的标题很关键，需要把你的客户群体展现出来，对号入座，标题写什么客户群体，就会有对应的客户群体来找你。接着说出新闻内容，用“最新消息”来吸引眼球，然后将新闻跟产品联系起来。用“对你意味着什么呢”顺其自然地跟目标客户群体联系起来，最后引出产品优势，引导成交动作。

另外一种形式是制作财经简报，又被称为财经简报的“天龙八部”，制作简报的工具主要有“稿定设计”“美图秀秀”“创客贴”等。制作简报时要注意以下几个要点：

第一，简报标题。用标题体现个人IP特色，记得左上角放企业的LOGO。

第二，财经新闻。选取一条有价值的财经信息，最好是与阶段性的营销产品有关的。

第三，专业解读。从自己的专业角度解读这条信息。

第四，产品推荐。将财经信息与营销产品相关联，引发购买行为。

第五，本地新闻。跟民生相关，比如房价信息，可以增加财经新闻的含金量。

第六，温馨提示。让财经多一份人情味，比如，进入秋季时，可以附赠一条预防秋燥的小贴士等。

第七，自我介绍。作为营销人员，要时刻记得让更多人认识自己，因为有可能你的客户会把这条有价值的财经新闻发给他的朋友。

第八，愿景驱动。比如，“我是××，希望在三年内帮助10000个家庭，实现财富增值20%”，然后在朋友圈全面展示产品，覆盖所有客户需求，精准对接不同的客户。

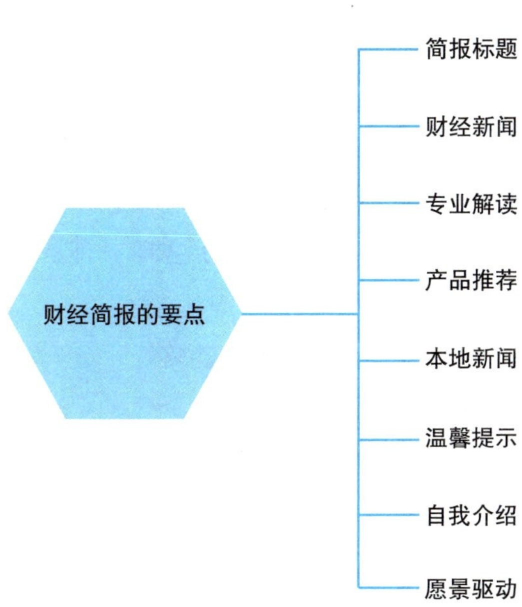

图 3-6 财经简报的要点

（3）成交圈

成交圈的重点是三大版块：咨询截图、订单截图、成功案例。

在一家银行网点做驻点辅导的时候，我采取的是先引进、再转化的策略，帮助银行吸金揽存，增加成交量。

这家网点开在一个大建材市场里面，在市场繁荣时期，各大银行陆续入驻，竞争激烈，而随着经济形势变化，很多商户老板转移阵地，一些银行也陆续撤离，只有这一家国有银行依然坚守在这。

通过对网点进行数据分析，了解到银行数据如下：

全行的个人客户数：17540；

柜面业务替代率：93%；

活期余额：31340万；

定期余额：10868万；

理财客户数量：70。

从这个数据中可以判断，大部分的客户可以通过手机银行等电子渠道完成业务操作，活期余额是定期的三倍，也就是说，客户有钱，但都放在活期业务上，理财客户的占比仅有4‰；因为主要客户都是商户，这个情况也不难理解，商户经常需要流动资金。

针对以上情况，我给他们做了存款提升策略。

第一步，优化主推产品。

我并没有直接推存款类产品，而是在面对所有商户的时候，都先从一款能够灵活支取的产品出发，这类产品很多银行都有，比如“1元起存，随用随取”。

我还编写了营销话术供参考：

客户您好，我看您的钱都放在活期上，挺可惜的。现在活期存款利率一年只有0.3个点，我们行现在有一款产品，1块钱起存，7天的年化收益在2.61%左右，一年下来就多了8倍的收益，而且想用的时候随时可以取用，也不影响做生意。这边很多商户都办理了，很方便，直接在手机上就可以操作，我也可以帮您操作。

有位做柜员的女孩子采用了我的提议策略，当天一个要取款12万元的客户，因为这样一段沟通，客户不仅把钱留下来了，还将其他63万元的存款都买了这款理财产品，并表示后续还有几百万元的资金，也都会存进来。

第二步，岗位联动。

柜员主动链接客户给理财经理，将客户的情况详细转介，由理财经理进行下一步的跟进，做资产配置，这个步骤银行从业者都知道。根据标准普尔象限图，资产配置会涉及基金、保险、存款等产品绑定。客户产品绑定越多，黏性越高，所以要先从增强客户黏性开始，从而不断增强其信任感，这比做任何活动都有效，而且时间和预算的成本都不高。

可能有的人不太理解这样操作的原因，客户把钱放活期账户不是挺好的吗？也算我的业绩啊。但是放在活期，这个钱永远是不动的，还可能会越来越少。我们需要激活客户，并跟客户产生深度链接，因为银行是需要长期发展的，我们也是在做一个长期事业。所以，应该给客户真正需要的，而不是我们想要的。

如何增加客户黏性？在朋友圈发布硬广必不可少。

硬广朋友圈最重要的组成是海报，好的海报甚至会“说话”，不用太多文案，哪怕只是配上“最新产品”，也能让很多人前来咨询。

有神经学家认为，人的爬行脑（控制人的欲望）更加喜欢视觉化的信息，而不是抽象化的信息。视觉化内容更能激发人类情绪的共鸣，所以制作海报有三个点需要特别注意：

第一，标题醒目。重点信息字要足够大，如果字太小，在朋友圈中就需要点进去才能看清，客户不点进去就看不到，流量就锁不住。所以，为了减少客户路径，把产品卖点的关键信息要放到足够大，比如预期收益率。

第二，颜色要亮。不同的颜色亮度会让人产生不同的应激反应。人对颜色的反应是通过波长来反馈的，自然界中紫色的波长约是350~455nm，蓝色的波长约是455~492nm，绿色的波长约是492~577nm，黄色的波长约是577~597nm，橙色的波长约是597~622nm，红色的波长约是622~770nm。由此可以看出，在人可以感知的波长范围内，饱和度更高的颜色更加能吸引人的眼球。

第三，信息要足。海报需要覆盖的面足够广，再利用详情页对产品进行具体说明。

成交圈并不是要成交才能发圈，咨询和付款的截图也可以发圈。每个咨询的客户，都是带着痛点来的，这个痛点可能不只是他一个人的痛点，还可能是一群人的痛点。即使每天只发一个痛点，一个月也会有大约30个，也就能覆盖30类不同的客户群体。

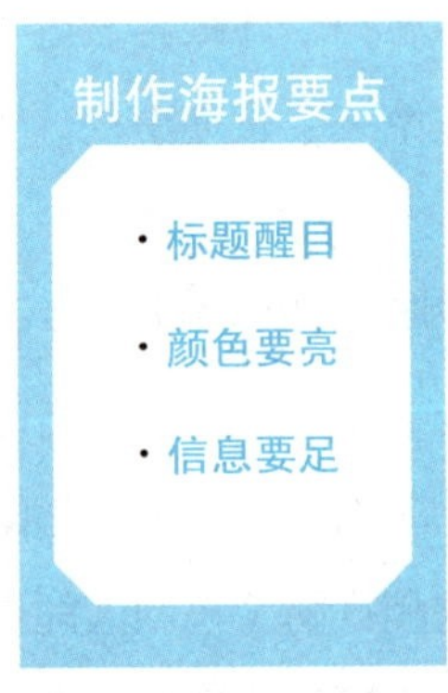

图 3–7　海报制作要点

咨询类截图的朋友圈就是在铺网，网铺得越大，得到的“鱼”就会越多。呈现咨询人的痛点就是让有相同痛点的人看到，并告诉他们：这个人跟你有一样的问题，他都来找我，你还在犹豫什么？

付款类截图的朋友圈，是利用消费者的从众心理，但要注意隐藏客户的隐私信息。

如果有两家店都说自己的东西好吃，一家门口排满了人，而另外一家一个人都没有，大部分的人会选择排队的那家。

发朋友圈也是一样，一味地说产品好，一般人不会相信，但是如果看到很多人前来咨询的截图，那么他买产品的时候，就会打消很多顾虑。

比如有人销售了基金，尤其是那种有限额的基金，就可以这样来发：

家装企业老板，抢购100000××基金+1！

他是一位“老基民”了，一直跟着我买基金，我曾经推荐给他一支基金，现在收益已经达到30%了。

当他知道又有新发基金，而且还是低点位，适合投资时，

马上找我抢购了100000，因为他知道：低位入手，是最好的投资时机！

如果，你也想通过基金获得财富增值，欢迎私信我！

当然，具体产品内容需要结合实际情况调整。

成功案例在成交圈中也非常重要。

客户在成交之前处在什么样的痛苦状态，成交之后达到了什么样的理想状态，客户自己能反馈，因为只有自己说好，别人是不信的；如果自己以外的人说好，可信度就会提高很多。回忆一下在线上购物的经历就能理解了，每次下单之前都会看好评，好评越多越放心，哪怕买回来没有那么

好，甚至也不会觉得是产品的问题。

作为银行人，最成功的案例就是帮客户赚到钱。比如保险类产品，很多人都不太认可，很难接受，嘴巴都说干了也没用，甚至好不容易说服客户来买单了，客户回头听别人一句说不好的话，还会回来退保。我有个学员曾经卖出了30万元的保险。一开始这位客户认为我的学员是骗子，后来客户的态度转变，对她绝对相信，她便成功地拿下了订单。于是，她发了一条朋友圈：

认为保险是骗人的她，为什么买了10万的年金险？

“我的养老交给你了，我要活到105岁，看到我的30万变成268万……”签单后，客户高兴地说。

你知道吗？

以前为她推荐，她总说，保险是骗人的！

现在再次跟她沟通，她从3万加到10万！

年金险能带来长期的复利收益，为你的财富保驾护航。

私信我，让你的财富实现十倍增值！

在这条朋友圈中，将客户的异议前置，也为后续成交埋下伏笔。

朋友圈要用心经营，可以说经营朋友圈就是经营客户群，朋友圈写作中还有很多决定成交的细节，由于不是本书的重点，不再一一讲解了。如果对朋友圈写作有兴趣，欢迎围观我的朋友圈。

小　结

个人品牌的实力有显性实力，也有隐性实力；有硬实力，也有软实力，总体来说，实力需要通过不断的行动才能练就，行动是实力的炼金石。

练　习

如果你准备开始打造个人品牌，那么，你的独特实力是什么？你会如何发挥你的实力？你的实力可以帮助哪些人？

第四章　魅力形象塑造个人品牌

现在的时代是影响力的时代，而个人IP的崛起意味着个人影响力在提升。在《你的形象价值百万》这本书中，前言部分明确地告诉我们形象到底有多么重要：

形象将定义：你是谁、你的社会位置如何、你如何生活、你是否有发展前途。

一个成功的形象，展示给人们的是自信、尊严、力量和能力。

一、第一印象抓住注意力

我们常说，喜欢一个人，始于颜值，忠于人品，陷于才华。一个人的形象，有外在的衣着服饰、妆容打扮、言行举止，还有内在的思想境界，这反映着他对生活的态度，并决定了他的人生高度。在快节奏的社会中，有时人们来不及了解你的内涵，第一时间决定喜欢或者不喜欢就取决于你的外部形象。在打造个人品牌还没有成功的时候，先要扮演一个成功者。

全球品牌大师马丁·林斯特在《感官品牌》这本书中提道："我们对这个世界的理解都是通过感官来完成的。无论过去还是现在，感官都链接着我们的记忆，深入我们的情感。"在客户越来越挑剔、产品同质化越来越严重的今天，要做到以"色"悦人，以"声"动人，以"味"诱人，以"情"感人，提升客户对品牌的忠诚度。五感塑造，包括视、听、嗅、味、触，通过增加客户的感知体验，打通内在认知。

视觉。劳拉·里斯在《视觉锤》这本书中将定位理论做了延伸，她提出，"定位"是一个语言概念，是钉子，将这个钉子钉入消费者心智的工具就是视觉锤。视觉锤在占领客户心智方面，会发挥出惊人的力量。

人类80%的信息记忆源自视觉，没有出色的第一印象，就无法让人过目不忘。比如，提到乔布斯，第一个想到的形象就是短发、络腮胡子、黑色T恤衫、蓝色牛仔裤、小白鞋。这说明，乔布斯通过固定的外在形象，已经成功地占领了客户心智。在视觉中，颜色的威力也不可小觑，比如黑色，有研究发现，当出现黑色时，人们更有可能为产品支付更高的价格。

听觉。世界上90%的沟通都是通过声音进行的。只有发出自己的声音，才能不被潮流淹没，成立独特的个人品牌。不发声等于不发生。乔布斯的“活着就是为了改变世界”鼓励了千千万万涌入苹果商店的消费者。

嗅觉。据统计，鼻子能够记忆10000种气味，嗅觉在五感器官中，是最先形成的。嗅觉与其他感觉最大的不同是，它是唯一可以不经过丘脑，直接进入人的大脑的感觉，传输速度极快。早在原始社会，嗅觉对于人类的生命至关重要。婴儿闻到妈妈的味道，会自然而然安静下来，就是通过嗅觉来判断熟悉的人的味道。

味觉。味觉和嗅觉通常是联系在一起的，小时候记住了妈妈的味道，长大了以后，当你再闻到类似的味道，马上就能回忆起曾经坐在小凳子上看着妈妈、吃着美味食物的情形，以及跟妈妈在一起的美好时光。

触觉。触觉容易加深信任关系，但要注意分寸。心理学上有个概念是“首因效应”，也叫“第一印象法则”。我们每个人所关心的第一印象，有67%是由外观色彩带来的。在与人见面的7~8秒内，身上的色彩会汇聚成一股强烈的信息，把风格品位甚至内涵都传递给对方，对方也会据此判断他应该喜欢你，信赖你，还是疏远你。所以，魅力形象的打造应该从颜色开始，也就是说必须先搞清楚什么颜色适合自己，什么颜色不适合自己。

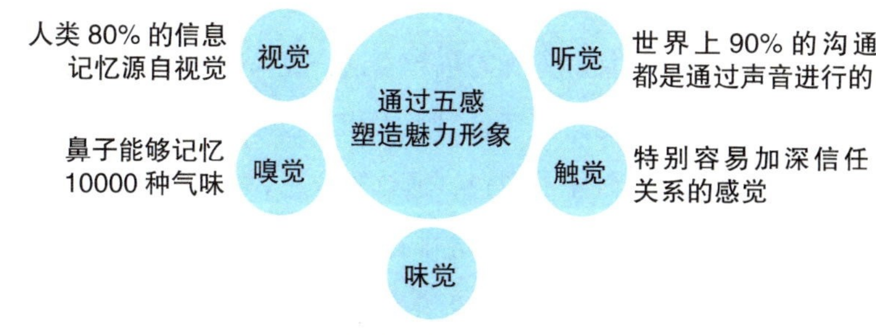

图 4–1 通过五感塑造魅力形象

我曾看到这样一种说法，人体是有颜色的，就像自然界的一切生命都有自己的颜色一样。我们把人的身体颜色特征区分为两大基调，即冷色调和暖色调。冷色调的人，皮肤一般是透着粉红色，蓝青、暗紫红或灰褐色为底色调；暖色调的人，皮肤透着象牙白，金黄、褐色或金褐色为底色调。美国的卡洛尔 · 杰克逊女士被誉为“色彩第一夫人”，提出了一种四季色彩理论，这一理论给世界各国人的着装和生活带来了巨大影响，同时也引发了各行各业在色彩应用技术方面的巨大进步。

春季型的人，给人的感觉好像万物复苏，像百花待放时新绿的柳芽，又带着桃花杏花的粉嫩，是一组明亮鲜艳的俏丽颜色，给人扑面而来的春意和愉悦，呈现的是春天一派欣欣向荣的景象。这一类人的肤色一般是浅象牙色、软米色，细腻有透明感；眼睛像玻璃球一样闪亮；眼珠为亮茶色；头发是明亮如绢的茶色，适合染柔和的棕黄色，发质柔软。春季型的人要用鲜艳明亮的颜色打扮自己，会比实际年龄显得更年轻。

夏季型的人，给人的感觉好像碧蓝如海的天空，像静谧淡雅的江南水乡、清柔写意的水彩画，这些都是大自然赋予夏天的一种最具代表性的呈现，是一种清新淡雅、恬静安详的色彩。这一类人的肤色一般是粉白色、乳白色、蓝调的褐色或者小麦色；目光柔和，整体感觉很温柔；眼珠呈焦茶色、深棕色；头发是轻柔的黑色，适合染灰色、柔和的棕色或深棕色。夏季型人的适合轻柔淡雅的颜色，才能衬托出温柔恬静的气质。

秋季型的人，给人的感觉是枫叶的红火、银杏的灿烂，令人炫目，让人能联想到金灿灿的玉米、沉甸甸的麦穗、泥土的浑厚、山脉的老绿，交织演绎着秋天的华丽、成熟与端庄。这一类人的肤色一般是如同瓷器般的象牙色、橘色或黄橙色；眼睛是深棕色交叉色；眼白为象牙色或略带绿的白色；头发以褐色、棕色、铜色、巧克力色为主。秋季型的人想要穿戴与自身色彩特征相协调，应选用以金色为主色调的暖色系，会显得自然、高贵与典雅。

冬季型的人，能让人联想到洁白的雪花与漆黑的冬夜，能把冬天的对比鲜明地表现出来，还有缤纷夺目的圣诞树和上面不同的装饰，表明了冬季色彩热烈、分明与纯正。这一类人的肤色以青白色、略暗的橄榄色、带青色的黄褐色为主；眼睛黑白分明，目光锐利；眼珠为深褐色、焦茶色；头发乌黑发亮，适合染黑褐色、银灰、深酒红色。不明显的彩色、黑白灰，以及大胆热烈的橙色系，都非常适合冬季型人的肤色与整体感觉。

莎士比亚曾说过，服饰可以表现人格。心理学家迈克尔·布诺博士也说，仅通过解读他的衣着和行为，就可以十拿九稳地确知他的本性。

现在我们所处的生存空间正是信息爆炸与经济金融迅猛发展的世界，第一印象变得非常重要。所以，着装必须要装下知识结构、文化底蕴、职场能力和人生阅历，才能助你结交智者，获得商机！

那么，如何找到适合自己的着装，拍一套专属于自己的形象照呢？我的建议是：

第一，找一家当地比较有特色的照相馆，不容易撞衫。

第二，一定要先看一下对方的样片。

第三，选择适合自己的服装。温馨提示，不要用自己的衣服，因为效果可能不尽如人意，拍前两次形象照的时候，我就因为这个吃了亏。

第四，最好选择三套服装，即两套职业装和一套自己喜欢的服装。

形象是打造成功的通行证，也是事关大局的人生战略问题，不可忽视。

二、好状态带来好机会

有的人可能觉得，在生活中，长得好看的人，面试成功的机会都多了一些，总是被世界温柔以待。英国的一项科学研究表明：会化妆的女性，平均收入往往高于不化妆的女性。

杨澜在英国留学期间，找工作曾多次被拒。有一次，面试官说，他认为她的形象和简历不相符，拒绝向她提问。杨澜本想用能力让对方收回鄙视，可是她连展现能力的机会都没有。后来，她发出这样的感慨：“没有人有义务必须透过连你自己都毫不在意的邋遢外表，发现你优秀的内在。”对生活不苟且，对人生不随便。形象，永远走在能力前面。

有一次，我给一家股份制银行培训，有位客户经理不解地对我说：“黄老师，为什么客户都不找我办理业务呢，还有客户觉得我是实习生？”我看着她，白色的行服衬衣，头发松松地扎了起来，说话的时候双手抱着文件夹，肩膀内收，眼神飘忽，走路的时候也小心翼翼的。

这明显是一个实习生的形象，而不是一名专业的理财经理的形象。我告诉她，从现在开始，每天靠墙站立30分钟练习体态。一个月以后，当我再次看到她的时候，发现她整个人仿佛在发光，给人的感觉非常自信、充满活力，看起来十分专业，这都来自她形象的改变。她高兴地说，现在没有客户说她像实习生了。

我在带领学员打造个人品牌的过程中，更加发现了形象改变的影响力。反差越大，威力也越大。有个学员，以前的微信头像是网络上找的风景图，她说是她家乡的标志建筑。名字也是一个网络名，微信背景也黑乎乎的。后来，她的头像换成了她靓丽的形象照，改了定位名，重新做了微信封面，接下来的事情让她自己都不敢相信。

她做业绩的方式发生了翻天覆地的变化。现在约她谈业务的客户，可以从这一周排到下一周。以前她要挖空心思地一个一个去找客户，还不一定会成功，现在是客户排着队来找她办理业务，以至于她根本忙不过来，一沓合同放在家里需要她处理。为此，她需要专门招募一个助理来协助她，人力资源部的主管听说她的需求后惊呆了。

总之，一个人的外部形象，反应的是他的内部气质、气场和精神状态。

三、内外兼修

打造个人品牌，除了外在形象，还有内在形象。优秀的人，既需要提升外部形象，也需要提升内部形象，这样才能赢得更多的机会。

腹有诗书气自华。才华和思想是最高级的化妆品，看书、学习不仅能提升气质，还是可以丰富学识。直到现在，我每天还会听一本书，即使在写书期间，也会保持看书的习惯。

好身体塑造好品牌。刘畊宏爆红的背后，除了健身题材和《本草纲目》歌曲的流行，还有这么多年，坚持锻炼传递给他的自律、健康、自信、正能量的状态。拥有好身体，可以让个人品牌和身体一样棒。

提升情商。一个人说话的方式，透着他的修养、学识和深度，打造个人品牌后，有很多场合需要表达，说高情商的话，说出对方想听的话，就是把他人放在更重要的位置。

新东方重新启动直播后，很多产品热卖，粉丝一夜之间涨到300多万。很多人重新认识了俞敏洪，认识了董宇辉，还有一群有担当、有责任、一心为教育事业而奋斗的老师们。在新东方的直播间听到的话都好像高分作文，满屏都透露着文化气息，直播间的评论区曾有人评论说："从来没有想到，买个茄子，还能免费听一节课。"

打造个人品牌，是一生的修行，需要做到内外兼修，知行合一。

《大学》中说："修身齐家治国平天下。""自天子以至于庶人，壹是皆以修身为本。"《老子》中对"修身"理解是："修之身，其德乃真；修之家，其德有余；修之乡，其德乃长；修之邦，其德乃丰；修之天下，其德乃博。"身不正，则无以赢天下，"修身"是古代君子的第一要义，也就是在日常生活中要积善行，致良知，待人接物敬于礼。

苏联作家尼古拉·奥斯特洛夫斯基在《钢铁是怎样炼成的》一书中说："一个人的生命是应该这样度过的：当他回首往事的时候，不因虚度年华而悔恨，也不因碌碌无为而羞愧。这样在临死的时候，他才能够说：'我整个的生命和全部的精力都献给世界上最壮丽的事业——为人类的解放而斗争。'"

跟随内心的指挥，勇敢往前走，迎着热浪黄沙，迈过苍茫戈壁，踏过连绵雪山，观一方波澜壮阔，看一片海阔天空，闯出一条绚丽多彩的魅力人生。

四、性格魅力

著名成功学大师卡耐基说，一个人的成功12.5%来自知识，还有87.5%来自人际关系。

了解性格，是了解自己和别人交往的窗口，提升人际交往能力，便能提升成功的概率。一个人的魅力展现跟性格息息相关，有句话叫“性格决定命运”，管理好自己的性格就可以管理好自己的人生。了解性格的目的是卓有成效的管理性格，包括性格的发现、性格的确认、性格控制、性格的改进、性格的驾驭以及性格的修炼。每人能有不同的思想，有各式各样的行为，最终演变为不同的行为模式，养成了一种行为习惯，造就了每个独立的性格。

瑞典心理学家荣格在其著作《心理类型》中提到，一切有呼吸的生物，包括动物和植物，在清醒状态下都在运作两大基本功能：一是从外部世界搜索信息，二是在这些信息的基础上做出决定，也就是信息搜索与确定形成。例如，“闻风而逃”这个成语，“闻风”是收集信息，“逃”则是形成决定。

决定的形成，可能是源于个人的主观意识或者生活经验，也可能完全来自无意识的反应，即所谓的“天性使然”。由此可见，虽然个人的决定是以收集信息为基础，但是未必每一次决定都是经过个人思考的结果。在日常生活中，个人所做出的许多决定都根植于各自的性格，因此性格在做出决定的过程中起着非常重要的作用。

心理学上，把性格的组成分成了气质、个性、能力三个方面。气质是人的“天性”，当一个人在放松、自然的状态下，流露出来的真实反应通常是没有意识的，其中就包括外在魅力和内在涵养。孟子说“人性本善”，也就是说人出生的时候，就自带善的气质，婴儿的脸和闪闪发光的眼睛，让人看了就心生欢喜。随着年龄的增大和阅历的增加，相由心生，气质会随着学习和成长开始改变，你会看到不同的脸，有美丽、有善良、有险恶、有狡诈、有诚意、有贪欲……

每个人的气质都是独立的、唯一的存在。古希腊医生希波克拉底按照人体内血液、黏液、黑胆汁和黄胆汁这四种液体混合比例的不同，把人的气质分成了四种类型：多血质、胆汁质、黏液质和抑郁质。

个性也可以称之为“人格”，来自希腊文“Persona”，原意是戏剧演员带的一种特殊面具，用来表现戏剧演员的角色和身份，是外在的形象，也是内在的表现。个性是一种稳定且异于常人的特质，会使人的行为具有一定的倾向性，因此个性可以代表一个人，既可以表现他过去和现在的特质，也可以预示他将来的行为。“个性”是一种稳定、独特的特质，让人的行为有一定的倾向性，表现出一个人的整体。比如孔子，被称之为“圣人”；王阳明，被称为“古今完人”；李白，被称之为“诗仙”；苏东坡，被称之为“唐宋八大家之一”，他们都有独立的人格，有独特的个性。

性格具有以下特征：

第一，稳定性。俗话说“江山易改，本性难移”，人对外界事物的反应以及核心价值观是稳定的，这种反应的结果会影响人的性格。

第二，完整性。气质、个性、能力相互联系，相互依存，构成了一个相互影响、相辅相成的系统。

第三，复杂性。现实情况中有各种矛盾，各种态度和矛盾之间通过外在的行为表现出来，就造成了行为方式的矛盾。

第四，可塑性。人要适应社会环境，保持对外界的适应状态，需要迎接必要的挑战。当出现不适应的环境时，需要及时调整，逐步修炼成健全、完善的性格。

图 4–2 性格的特征

五、性格的类型

性格对人的生活有很大的影响。有的人能够爱情事业双丰收，有的独自一人孤独终老，有的人身体健康活到100岁，有的人唉声叹气每天都很悲伤……这其中，性格都起到了关键作用。

了解一个人的性格，理解不同性格之间的差异，有助于处理日常生活中的矛盾和冲突，每个人都要尝试从性格角度看问题。深入了解性格，能够帮助你了解他人，提升工作效率，改善人际沟通。

通过DISC性格模型，能够更好地了解自己，提升工作效率，有效构建人际关系，充分发挥个人魅力。

根据DISC性格测试模型，人的性格可以分为四大类：影响型、严谨型、掌控型、沉稳型。

有人认为《西游记》中的师徒四人性格各异，唐僧是严谨型，孙悟空是掌控型，猪八戒是影响型，沙僧是沉稳型。但是现实中的大多数人的性格属于复合型，四大类性格只能体现每个人性格中的主要因素。

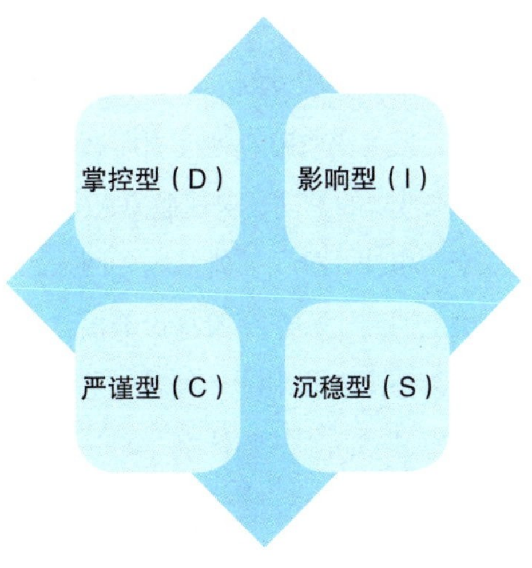

图 4-3 性格的类型

1.掌控型——D型

关键词：精力充沛，自信十足，独立性强，结果导向，言辞有力，越挫越勇。

（1）性格优点

掌控型的人很有主见，充满自信，热情奔放，容易成为“意见领袖”，学生时期的班委、班干部，大多属于掌控型。

掌控型的人，独立性一般很强，是典型的工作狂人，总能出色地完成任务，实现既定目标。在工作中，投入绝对的热情，保持充沛的精力，再高难的工作交给他，他也能坦然接受，并且享受其中。他们大都意志力惊人，在各种工作中会“勇争第一”，就算面对多方的打击和压力，也绝对不会轻言放弃，反而会运用超强的应变能力越战越勇。

掌控型的人，从外到内都会流露出绝对的自信，给人一种领导的气质，喜欢穿深色的代表权威感的服装。

掌控型的人遇到事情能够当机立断，不会轻易受到情绪的干扰，敢于迎接冒险和挑战。比如，发生火灾时，他能立即做好自我保护，找到逃生通道，或者会做一些打破常规的举动，快速撤离火灾现场。

金星曾经说过一个“橙汁儿梗”。她从国外回来，买了国内一家航空公司的飞机票，在飞机上遇到了一个穿着打扮都很漂亮的空姐。可是，金星却发现这位空姐在对待外国人和中国人时居然是两种截然不同的面孔，她马上想到一招。当空姐过来问她“喝什么”的时候，她装作听不懂，用英文回复后，空姐态度果然转变，这时候她来了一句标准的东北话“橙汁儿”。金星敢爱敢恨，对待这种生活中看不惯的事情，马上“开怼”，最终航空公司也向她表达了歉意。

（2）性格弱点

以自我为中心，做事情有明确的目标，会把更多精力投入事情当中，不喜欢人际沟通，觉得是在浪费时间，犯错的时候可能会“死鸭子嘴硬”，拒不道歉，但是会用实际行动让事情变得更好。

（3）魅力提升点

第一，适当放松。在工作上，学会授权，降低支配感；当取得成绩的时候，应该认识到是大家共同努力的结果。

第二，缓和言语。尖锐的言语容易导致人际关系紧张，注意在对待别人意见的时候，即便意见不合，也能委婉表达意见，适当给予一定的解释和说明，才能更好地指导执行。

第三，学会低头。犯错了，记得道歉，道歉并不是软弱，而是面对错误的一种勇气。找到自己不足的地方，多了解别人的想法。

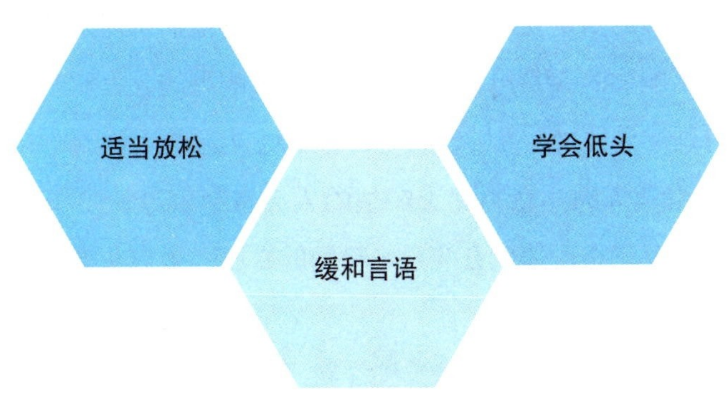

图 4–4　掌控型（D 型）性格的魅力提升点

（4）性格切入点

掌控型的人，要从“行动”入手，掌控型的人喜欢付诸行动，他们喜欢在行动中获取经验、建立信心，而且有良好的感觉后，会投入更大的行动中。

2.影响型——I型

关键词：活泼好动，喜欢交朋友，热情主动，注重人际关系，好奇善变。

（1）性格优点

影响型的人一般拥有快乐幸福的童年，是一位“好奇宝宝”，敢冒险，喜欢挑战，喜欢做新鲜有趣的事情，喜欢不断变化的环境。做事情总能找到一群乐于帮助的朋友，在人群中非常受关注。如果在聚会中看到一个人，一上来就和别人热情地打招呼，跟认识的人拥抱，还会用手拍拍对方的后背，或者来一句“Give me five”；从不缺少话题，一会讲孟加拉国，一会讲戈壁滩，眉飞色舞，滔滔不绝，还自带高音，伴有夸张的手势，并且身边还有一群忠实的听众，跟着一起哈哈大笑，大概率他就是影响型的人。

影响型的人对待事情很乐观，遇见了开心的事情，会第一时间找人分享，将一个人的快乐变成一群人的快乐，而且他们总能发现生活中的快乐，所以在影响型的人身边总有一群朋友。影响型的人喜欢来自外在的爱和赞美，特别享受被“宠爱”的感觉，有乐观向上的心态。

为了吸引别人的注意力，影响型的人会在穿着打扮上下足功夫。比如，参与聚会等场合，他们会穿色彩艳丽的衣服，黑白灰很难成为他们的首选。

影响型的人的情绪转换很快，像个孩子一样。当他们看电影的时候，会因为电影中人物的痛苦经历而痛哭流涕，也会因为当中的欢乐的情节而开怀大笑。

（2）性格弱点

影响型的人很在意人际关系，但做事容易粗心大意。喜欢交朋友的他们，经常会收到一大堆名片，可是通常看着一大堆的名片却对应不上，这是因为他们更多的时候在关注自己的表现。如果一个人到了家门口，还在翻包找钥匙，或者桌子上摆满了各种物品，而且乱七八糟的，很可能就是一个影响型的人。

影响型的人有时候因为太爱分享，会犯“言多必失”的错。虽然本性善良，但是可能因为不考虑别人的感受，而做出伤害别人的事情。

有这样一个经典故事。一个人请朋友来家中做客，有三位客人先到了，一位朋友迟迟未到，这个人就说：“该来的没来。”一位客人听到后就想了：“这是在说我不该来啊！”于是他起身告辞。这个人发现自己说错话了，匆忙解释道：“不该走的又走了。”这句话引起另一位客人的注意，他想既然走的是不该走的人，那也就是说自己是该走的人喽。于是他也离开了。请客的人见状更着急了，他丝毫没有让客人走的意思，情急之下又说道：“我说的又不是你。”此时，仅剩的一位客人马上联想到：“原来你说的是我啊。”于是也生气地拂袖而去了。

（3）魅力提升点

第一，沉默是金，聆听是银。要做到少说多听，跟人沟通的时候把内容减半，观察周围的人在自己讲话时的情绪变化，减少夸张的动作。

第二，避免以自我为中心。学会站在对方的角度看待问题，做到换位思考，把注意力转移到他人的身上，在了解对方需求的情况下，关心、理解别人，给别人提供实质性的帮助和支持。

第三，做事有规划。及时记录，比如，做工作规划，让工作变得更加有条理。随时安排，随时记录，按照轻重缓急，分清主次。

图 4–5　影响型（I 型）性格魅力提升点

（4）性格切入点

影响型的人，在面对任何事情的时候，只有感觉好才能转化为行动，如果你想要赢得他们的信任，先要建立一个良好的“感觉”，这样更容易达成合作。

3.沉稳型——S型

关键词：性格平稳，有耐心，谦逊，委婉，乐于倾听他人意见。

（1）性格优点

沉稳型的人小时候是家长眼中的“乖宝宝”，不容易哭闹，在家按时完成作业，在学校也乐于助人；长大后是孩子眼中的好父母，是员工眼里的好领导。他们追求人际关系的和谐，对待别人的请求也很少拒绝，他们会竭尽全力避免一些麻烦或者冲突。一群人在闹矛盾或者打架的时候，站出来劝架说“和气生财”的人大多属于沉稳型。

在一家餐厅，一个店员问客人们想吃什么。客户A回答：“随便。”这位客户属于沉稳型性格的人，肯定知足常乐。另外一个客户B，是一个严谨型的人，听到A的回答，不耐烦地说：“饭店里没有叫随便的菜，你到底想要什么？”这时客户C批评客户B说：“你怎么能这样说话呢！”这种挺身而出的人，是掌控型的代表。

沉稳型的人，一般打扮很随和，不会显露权威，也不会让人觉得张扬，但也不会落后于时尚，他们不喜欢引人关注，喜欢稳定安逸的生活。

沉稳型的人是一个好的倾听者，能够静下来听别人吐槽，还能表达出关心和体谅，而且会保守秘密，因为这类人不喜欢麻烦和冲突。沉稳型的人在工作中属于任劳任怨型，喜欢隐忍，考虑事情周到，能够妥善处理好沉闷、重复性的工作。

沉稳型的人责任心很强，很多企业领导者都属于沉稳型的人，善于结交朋友，善于平衡人际关系，喜欢健康、低调的生活，处世冷静、有耐心。

（2）性格弱点

沉稳型的人，不突出，不冒尖，他们最大的特点就是没有特点，最大的优点是没有突出的缺点，最大的缺点是没有突出的优点。沉稳型的人善于倾听，有天生的协调能力，但是太过于追求和谐，缺乏主见，总是担心突发的变化。沉稳型的人有很强的归属感。

（3）魅力提升点

第一，点燃激情。做好自我激励，当自身动力不足的时候，可以依靠身边的人一起制定目标，尝试新的事物，创造好的机会，迎接新的挑战。

第二，勇敢说“不”。在遇到不合理的要求时，要立即拒绝，适当的拒绝并不会对人际关系造成损害，反而会让自己成为自己的主人。

第三，主动承担。不要害怕承担责任，在会议讨论上，勇敢提出自己的意见和建议，哪怕被否决也没关系，要形成自己的独特主张。

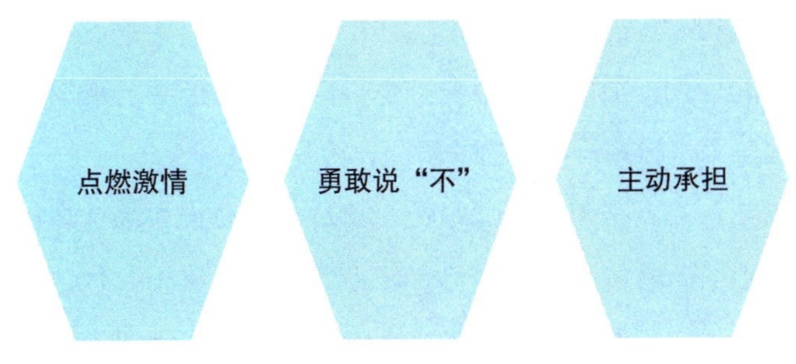

图 4-6　沉稳型（S 型）性格魅力提升点

（4）性格切入点

沉稳型的人相信权威，可以从经验入手，不管经验是来自你还是其他人，分享经验都是不会出错的选择。

4.严谨型——C型

关键词：善于分析，一丝不苟，注重结果，内向，有条理。

（1）性格优点

严谨型的人喜欢做“坚强的后盾”，对待朋友能在关键的时刻给予有价值的帮助，能够说到做到。比如，严谨型的人会随手关上没人注意的、开着的抽屉，会把办公桌收拾得整整齐齐，会按时完成工作，喜欢收集很多资料。如果他报了一个羽毛球兴趣班，会刻苦练习，直到让自己满意为止。他们总是希望把身边所有的事情都做到最好。

严谨型的人在工作中会是得力干将，他们会根据时令和场合穿着得体。在会议上，总是先思考后发言，把事情的前因后果、成功失败，都进行深入剖析，解决问题的能力突出。从事任何工作，都会按部就班，有条理，有组织，把握每个细节，坚持善始善终。

严谨型的人还追求完美，关注细节，比如出门前，一定会把鞋子放在一条水平线上，牙膏一定是从下往上挤等。

（2）性格弱点

对周边的一切都很敏感，容易多愁善感，容易产生悲观消极的情绪。心情也经常会“晴转多云再转雷阵雨”，容易冲动。

对待事物总喜欢带着一副“眼镜”，对自己和别人都是高标准、严要求，不允许犯错，看待问题很透彻。严谨型的人，给人一种“亚历山大”的感觉，也是“三思而后行”的代表人物，所以解决问题的能力很强。严谨型的人在意别人，但是又担心太在意，因此会刻意保持距离，避免自己的私人空间受到侵犯。

（3）魅力提升点

第一，放松自己，调整情绪。尤其是遭遇磨难的时候，要注意将负面情绪转化为正面情绪，尽可能多地接受环境的正面信息，保持心情愉快，多与人交流，参加丰富多彩的社交活动。

第二，放宽标准。世界上本来就没有绝对的“完美”，不“完美”是正常的，肯定自己，轻松享受生活，自己的标准并不是唯一准则，学着容纳周围人不同的标准。

第三，积极行动。行动是解决一切问题的根源，在行动中敞开胸怀，温和表达，接受他人的赞美，提升自信心。

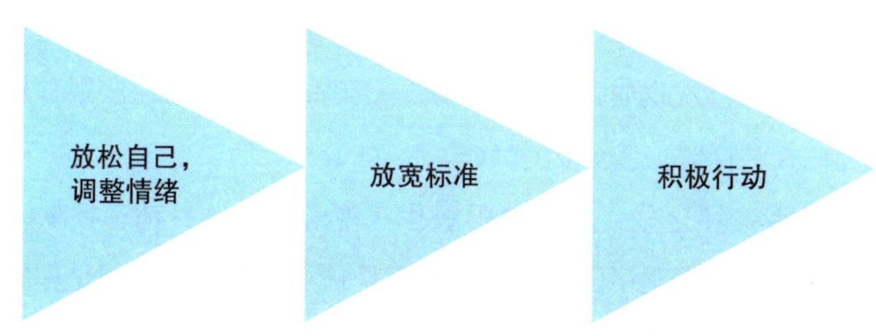

图 4–7　严谨型（C 型）性格魅力提升点

（4）性格切入点

严谨型的人会从“信任”入手，他们只有确信了一件事，才会去追求。如果你想要跟他们建立关系，首先要赢得他们的信任感。

以上总结了四类性格的关键词、优缺点等，可以根据现状持续分析，保持优点，改善缺点。不过，优点和缺点是相对的概念，实际上只是性格特点的一种表现。每个人要学会控制自己的性格力量，以调整人际关系。

每个人都可以依据自己的性格特点得出一个属于自己的“DISC个性圆”，找到性格圆点。圆点靠近哪个部分，则表明趋向的程度。人并不是单纯地具有某一类性格，而是具有复合的性格。

“先修己再修人”，性格差异会造成不同的思维模式，于是也就造成了沟通的差异。在人际关系中，有三种沟通层次：第一层次是“别人怎样对待自己，自己就怎样对待别人”，总是在等待别人先付出，自己才会做出回应。第二层次是“自己怎样对待别人，别人就会怎样对待自己”，能够用这种沟通方式来建立良好人际关系的人是很少的。第三层次是“希望别人怎样对待自己，自己就怎样对待别人”。虽然第三种被称之为“黄金沟通法则”，可也不是最完美的。一对夫妻在一起生活了很多年，每次吃鱼的时候，老公总会把自己喜欢吃的鱼头给老婆吃，老婆也总是把自己喜欢吃的鱼尾给老公吃，多年以后两个人离婚了，原因就是再也不能忍受，每次都吃自己不喜欢吃的食物了。所以，正确的“黄金沟通法则”是用对方喜欢的方式对待他，享受岁月静好。

性格没有好坏之分，正如“乐观和悲观对这个世界都有贡献，前者发明了飞机，后者发明了降落伞”。不管是优点还是缺点，都是你的性格特点，施展其中的正面力量，悦纳自己，扬长补短，打造专属你的个人魅力。面对性格不同的人，要学会尊重、鼓励、保护对方、增强同理心。做人如水，海纳百川，才会让人际关系和谐发展。

六、拉高自我价值

进入工作岗位后，有形价值就是拿到的薪水、福利、提成、奖金等。人生的物质回报是相对的，经济学有“边际效应递减”的理论，在外部环境不变的情况下，付出不断增加，物质报酬达到一定峰值，接着会走向衰退。

被称为“硅谷钢铁侠”的马斯克有一个跟随了他12年的秘书，工作勤勤恳恳。有一天，秘书向马斯克提出想要“加薪”，马斯克没有直接拒绝，而是回复说，让秘书休息两个星期，想看看没有秘书的日子，自己的工作是否会受到影响，用以评估秘书的价值，决定是否要答应她的加薪请求。秘书很自信地同意了。可是两个星期过去了，等待她的不是加薪通知，而是解雇通知。有人说马斯克无情，但是从经济学的角度来看，这个行为就很容易理解。有价值才能被珍惜，要升职先升值，只有自己进步，才能促进公司发展，否则迟早有一天会被迫离开。

在工作中，除了有形的价值，还有更重要的无形价值。不仅要看到眼前的路，还要看到远方的蔚蓝大海、璀璨星光。无形价值就是你获得的综合回报，是个人未来成长、价值提升的筹码。俗话说，“八小时内求生存，八小时外求发展”。人出生的时候，智商是没有太大差别的，但是随着时间的推移，差别会越来越大，原因就在于每个人付出的精力、投入的时间不一样。没有一蹴而就的辉煌，只有日积月累的努力。

读书是让自己变得更好的方式之一。学习、实践、复盘，向不同的人学习，跟身边的人交流经验，也能让自己别人跑得更快，更远。

马斯洛的需求层次理论把人的需求分为了五个层次，依次是生理需求、安全需求、归属与爱、尊重需求和自我实现需求。自我实现作为最高需求，代表的是人在工作中感受到别人给予的信任和尊重，从而在内心中感到富足美好。

人作为社会性的动物，自我实现需要在人际交往的圈子中实现“三维链接”。

平行链接。比如你的好朋友，可以共同分享喜怒哀乐，悲欢离合。难过的时候可以一起抱头痛哭，一醉解千愁；开心的时候，可以一起疯，一起闹。相互分享，进行心与心的交流。

向上链接。比如你的领导、上级以及思维认知比你高的人。一个人的认知是周围人认知的平均值，如果不能提升认知，事业也很难得到发展。要敢于向上链接，扩宽思维的边界，人生的路不止一条，有时候要步行看沿路的风景，有时候要坐飞机俯瞰全局。

向下链接。他们对你的生活和工作可能暂时没有直接的帮助，甚至还需要你来帮助他们，比如分享经验、指明方向等。不过，谁也不知道未来会怎么样。

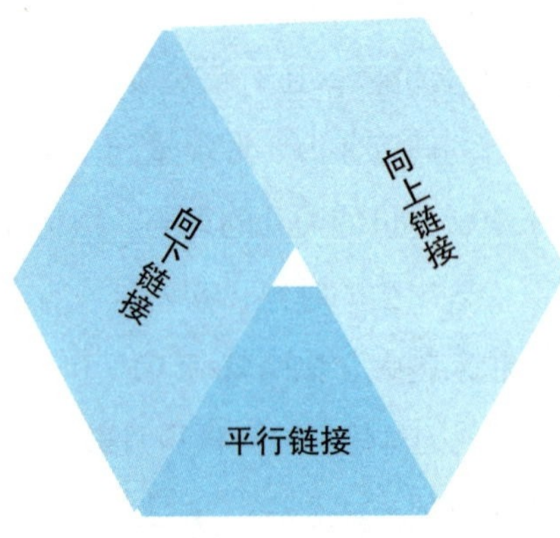

图 4–8　三维链接

志同道合的朋友要交往，可是，不能只跟这些人交往，否则长期下去，交往的圈子只会越来越窄，自身的成长也会受到限制。要经营人脉关系，最重要的是保持一颗真心，放下功利心，当功利心爆发的时候，感情也会随之接受挑战。

小　结

个人品牌的魅力体现在外在形象和内在形象上，内在形象中有不同的性格展现，不管是哪一种性格，每个人都有独特的个人魅力。

练　习

试着做一次全面完整的性格测试，找到你的主要性格，扬长补短，建立融洽的社会关系，明白跟不同类型的人应该如何和谐相处，提升个人魅力值。

第五章　销售力为个人品牌镀金

人生就是不断推销自我的过程，把智慧、经验、力量传递给他人，就是在做销售。从出生开始，哭声可以得到关爱；笑声可以得到赞美；可爱的举动可以让一群人对你呵护有加。

推销、销售和营销三者之间的关系，就好像冰、水和汽的关系。推销是冰的状态，忽略需求；销售是水的状态，用价值和附加价值满足客户的需求；营销是最高状态，营造需求。

营销人员要把客户的问题当成自己的问题，把客户的困难当成自己的困难，把客户的要求当成自己的要求。只有将产品巧妙地植入为客户提供的整体解决方案中，才是真正的营销。

沟通需要从心开始，营销人员通过专业的知识和行动打动客户的心，建立积极的人际关系，让客户的注意力从价值转向附加价值，强化竞争壁垒。

一、准备！准备！准备！

《销售洗脑》一书中曾提到：专业销售人员成功的因素已不是秘密，可以用三个词概括：准备！准备！准备！

销售人员在销售之前，要准备充足的知识、销售的工具，挖掘客户的潜在需求，准备见面的时间，把握销售的进程，有效完成成交。

首先是知识的准备。销售人员要有扎实的行业知识，即要知道行业的基本规范、行业的发展水平、行业的动态、竞争对手的状况，明确清楚地知道客户的类型、资源、要求、购买目的、决策关键人。明确自己的目的和目标，确定接触的方法和对象，分析并利用已知的信息。销售人员想要明确销售目的和目标，要问三个“为什么”。

第一，为什么要跟客户沟通？跟客户沟通是为了签单、建立关系，还是为了商讨产品的价格，或者就某项议题达成共识等，在自己内心要有明确的目的。

第二，为什么客户愿意跟你沟通？从客户的角度思考问题，在跟客户沟通的时候，客户是否有厌烦的情绪，是否有合作意向的动作、言语等。

第三，为什么客户要跟你合作？在现实工作中，结果与目的存在很大区别。结果就是最终的客户承诺，目的是站在自己的角度思考，目标是站在客户的角度进行思考。在准备过程当中，销售人员要清楚目的和目标，这对复杂产品的销售尤为重要。

图 5–1　三个“为什么”

如果想要成为一位卓越的销售人员，需要更深的历练。销售是一个艰难跋涉的过程，没有捷径可走，需要的是一份工作上的热情，还要有把一件事做10年以上的决心。著名推销大师乔治·吉拉德，在35岁以前穷困潦倒、一事无成，而且还有严重的口吃，屡遭失败的他，在35岁之后，成为世界上最伟大的推销员之一。第一次走上讲台做报告的时候，他对在座的每一个人说：“谢谢你们的鼓励，明年我还会站在这里。”每个销售人员都应有立志出类拔萃的精神，而不是遇到困难就退缩。

成功是需要付出汗水和努力的，要想成为一名顶尖的销售人员，一定要付出比常人更多的艰辛和努力。

企业在客户销售中普遍需要解决的问题是：如何找到潜在客户；如何明白客户的需求，满足其真正需求；如何让客户满意，把小订单变成大订单；如何产生重复购买，提升销售成功率；面对产品同质化、价格战，如何跟客户沟通，打消客户疑虑；如何提高产品的竞争优势，加快销售进程。

销售是通过引导、暗示的方式，发现客户的购买动机，流畅处理客户异议，让客户认识到自己存在的问题，产生主动购买的行为。销售的最终目的就是成交。

很多人认为自己是在为别人打工，这是一个非常大的认知错误，自己的人生由自己负责，请坚信，全力以赴才能规划好自己的人生。

二、业绩＝心力×能力×服务力

威廉·丹姆思曾说过："我觉得每一个人都有进行思考的余地，我们这一代最大的革命，就是发现人只有改变内在的心态，才能改变外在的世界。"

很多销售人员刚刚进入职场，就预设了会失败的结果。拿起营销电话之前，就预设了客户会拒绝；见客户之前，就预设了会被拒之门外。作为一名销售人员，必须要思考"为什么会被拒绝""你的目的是什么""客户想要的是什么"等问题。当内心不认可自己、不认可自己推荐的产品时，是一定没有办法得到客户的认可的。反求诸己，转变思想，从自身找原因，不要从外部找问题。

作为销售人员，要耐心对待每一次拒绝，把拒绝当作成功的阶梯，人生才会获得更大的成就，做到真正地悦纳自己，接受自己，每天对自己说一声："Yes，我真棒！"不断肯定自己，爱自己，建立强大的信心，保持足够热情，怀揣成功的渴望，朝着目标一直往前走，坚持不懈，哪怕摔倒了，也要轻松站起来，拍拍尘土，然后反思为什么会摔倒，然后继续向终点线迈进。

销售人员想要创造业绩，除了有能力，还要有态度。但是如果有100分的态度，而能力是0，很难产生100分的业绩，反之亦然。作为销售人员，态度和能力要双管齐下，端正态度，锻炼技能，才能达成销售业绩。

成功就是不忘初心，不放弃，勇于挑战失败，做自己的主人。如果想要成为顶尖的销售人员，积极学习他人做得好的方面，最终也可以走向成功。种什么因，得什么果。今天的收获就是昨天努力的结果。

在龟兔赛跑的故事中，最后乌龟赢得了比赛，因为兔子过于懒惰，而乌龟坚持到底，取得了最后的胜利。这样的结果也可以成为销售工作中的反思。

假设乌龟和兔子都是销售人员，很多人认为兔子跑得快，更容易成为销售冠军，虽然态度不好，但是经过教育，也可以得到改正。但是这种想法忽视了社会的变革，以前做销售就像打固定靶，而在如今多变的环境中，可能目标靶在动，但是人没动；可能是目标靶没动，而人在动；也有可能两者都在动，想要射中靶心，是一件很困难的事。就像在龟兔比赛中出现了一条河流，只有过河，才能到达成功的彼岸，河上尽管有桥，但是离现在的位置很远，在这种情况下，很难判断谁会获得胜利。

当销售人员面对复杂情况时，千万不要像兔子一样，认为技能好就能成功；也不要像乌龟一样，认为态度好就能成功。对于销售人员来说，最好的做法就是寻求团队合作。如果乌龟能背着兔子过河，过河之后，兔子能背着乌龟跑，携手合作，就能达到双赢。

龟兔赛跑的规则阐述了一个简单的道理：随着社会的变化，每一个人只有充分发挥自己的长处帮助别人，才能获得更大的成功，千万不要用自己的长处压抑别人的短处。团队的成员只有达到充分合作、扬长避短、融为一体的境界，才能获得一加一大于二的效果，才能获得能力上的飞速提升。

在广州的一家银行里来了一位客户，他要开一张银行卡。大堂经理在给客户开卡的过程中，看了客户的身份证，发现客户是属牛的，刚好那年是他本命年，于是便给客户推荐了一款生肖金产品，并祝客户在本命年里牛气冲天，客户当即就预定了一套。

在客户前往柜台办理业务的过程中，柜员听到客户的手机一直有收款提醒，于是询问了客户的职业，发现客户是开淘宝店的，接着在聊天的过程中发现，平时客户会有很多闲散资金，都是放在余额宝上，于是柜员为客户分析了余额宝的收益情况，并建议客户购买收益更高、而且能灵活支取的理财产品，随后把这位客户转介给理财经理。

理财经理在进一步沟通下，发现客户还做水果生意，而且生意做得很大，在全国有很多连锁店。客户一直在想，怎么通过线上渠道，把水果卖得更多，于是理财经理结合行里的线上平台，为客户设计了一套线上推广方案。

将客户的各类水果放在线上平台进行销售，利用行内员工资源以及银行客户资源，帮助客户快速完成了大批量的水果销售。

于是客户在行内存入了巨额资金，过年时又订购了80套贺岁贵金属礼品送给他的员工作年终奖励。

就像这样，通过深度挖掘，这家银行跟很多企业客户建立了深度链接，让他们成为自己长期的战略合作伙伴。

在这个案例中，大堂经理、柜员、理财经理，以及银行内部系统，配合度都非常高。要达成这样的效果，就需要在平时加强销售队伍的培训，尤其是团队精神的训练，提高销售人员的个人品牌。

虽然站在客户的角度看问题，需要付出更多的精力，但是一直从客户的角度出发，你可以得到客户更多的信任，获得更长久、更持续的发展。有研究表明，客户满意度提高5%，企业的利润就会加倍，而一个非常满意的客户，购买意愿是一个满意客户的六倍。不断提升产品和服务的竞争优势，保持自身的独特性，不仅有利于吸引新客户，还能加强与老客户的链接，通过连锁效应，提升产品市场影响力。

销售人员在面对客户时，要知道客户在想什么，顶尖的销售人员在与客户初步交谈之后，就能够判断客户的购买心理处于哪个阶段，这就是“AIDMA销售法则”。

三、顾客购买心理分析

在销售过程中，销售人员要善于洞察顾客的心理。美国广告学家E.S.刘易斯最先提出顾客购买心理通常包括五个阶段，也就是“AIDMA销售法则”。

第一，引起注意（Attention）。

在销售初期，客户仅仅是注意到产品，初步了解了这个产品。

第二，勾起兴趣（Interest）。

勾起兴趣是指客户对产品已经有了一定的了解和兴趣。

第三，激发欲望（Desire）。

激发欲望是指客户已经有了购买欲望，如果价格合适，或者其他重要的因素合适，就打算购买。

第四，留下记忆（Memory）。

当客户产生购买欲望后，要在其脑海中建立对产品的深刻印象。消费者在产生购买产品的欲望时，有很多品牌可以选择，让客户增强对产品的印象，是最后成交的关键所在。

第五，促发行动（Action）。

促发行动是促成成交的最后阶段，只有到了这一阶段，才能够让客户顺利签单，购买产品。

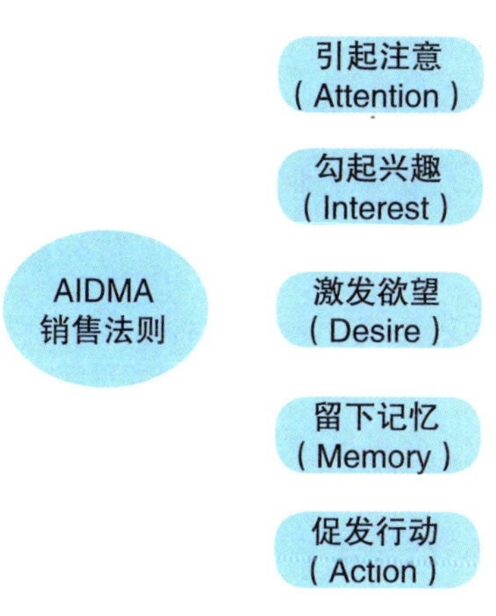

图 5–2 AIDMA 销售法则

AIDMA销售法则将客户的购买心理分为五个层级，客户在不同层级有不同的购买意向：第一阶段为认识阶段，客户已经注意到产品，产生10%

的购买意向；第二阶段，客户产生兴趣，有30%的购买意向；第三阶段，客户产生购买欲望，有50%的购买意向；第四阶段，客户产生购买意向，有70%成为准客户；第五阶段，准客户成交。

如果销售人员对客户所处环节判断失误，就很容易出现不恰当的行为。比如，客户刚刚对产品产生兴趣，销售人员就要促进其购买的欲望；如果误以为客户到了留下记忆环节，直接给客户提供购买后品质和服务保障，就会让客户不敢信任销售人员和产品。

在现实销售中其实还有一个阶段决定了产品做销量，甚至起到决定性作用，那就是深度服务（Spread）。

服务是最好的营销，产品成交不是意味着结束，而是一个新的开始。比如，一家餐饮店，如果仅仅是让客户“吃饱”，这是基本条件，无法产生竞争力，所以，除了要让顾客“吃饱”，更要让顾客“吃好”，比如好的环境，优质的服务人员形象，还有提供生日蛋糕、节日祝福以及等待茶点等。

在服务的过程中，关键是要把握客户的心理，控制好服务标准。心理学上有一种现象叫“斯德哥尔摩综合征”，反映的是人内心的一种受虐心理——越难得到的东西越珍惜。根据这种心理，有商家推出了类似的营销方式，比如饥饿营销。

为客户服务，更重要的是让客户感觉到服务的价值。

因为职业的原因，我经常会坐飞机到全国各地培训。有次乘坐晚上10点多的飞机去北京，我把行李办理了托运，只随身带了电脑包。随着飞机越飞越高，我感觉越来越冷，便把空姐叫了过来。

年轻漂亮的空姐迈着职业化的步伐，面带微笑地问：“您好，请问有什么可以帮到您的？”我说：“我觉得特别冷，请给我一条毛毯。”空姐说：“好的，您稍等。”过了一会儿，空姐回来了：“对不起，我们的毛毯用完了。”说完便站在一旁。

我接着说：“我确实非常冷，有别的办法吗？”“那您的行李箱里有衣服吗？”“没有，我的行李都托运了。”空姐仍然保持着职业的微笑：“那对不起，我们已经尽力了。”听到这句话，我顿时更冷了。我身旁的助理说：“姑娘，你别在这里傻乐啊，再想想办法啊。”

我又问：“机舱能不能加温？”空姐说：“我去帮您问一下。”过了一会儿，她回来说：“我已经通知机舱给您加温了。”“需要多长时间才能暖和啊？”空姐本来已经转身准备走了，这时又回来说：“大概40分钟。”

我当时很生气，也很无奈。但是这位空姐的服务态度一直很好，一直保持着和蔼的微笑，说话都是用敬语，衣着也很端庄，这样的情况投诉她也没用，但她又没有为我提供任何有效的服务。于是我接着问：“有没有热水呢？”空姐马上说：“有，请问您是要热水还是可乐？”助理看不下去了：“人家是觉得冷，你们这里有烧开了的可乐吗？”空姐不慌不忙地说：“对不起，我们这里有常温和加冰两种，没有烧开的可乐。”我只能说：“给我倒杯热水吧！”

空姐转身去倒水了。助理很生气地说：“竟然还问你要不要可乐，都说要热水了。”我说：“她就是下意识地给出习惯性问询，都没有经过思考。现在已经10点多了，她可能已经飞了一天了，脑子也累了，听到了无数客户的问话，只能给出下意识的习惯性回答。”

过了一会儿，这位空姐又出现了，开始给乘客提供盒饭。她一边走，一边问：“鸡肉饭还是牛肉饭？”有乘客说：“我要牛肉饭。”空姐礼貌地回答：“对不起，牛肉饭已经没有了。”说完又往前走了，一边走一边继续问：“鸡肉饭还是牛肉饭？”助理顿时明白了：“她这是机械性服务流程吧。”

空姐经过长期的标准化服务训练，反而成为一种机械化的工作状态，很难为客户提供用心的个性化服务。

因为常年出差，我也会经常入住各种不同的酒店，让我印象很深的是上海的一家酒店。那天我到酒店的时候已经很晚了，但酒店门口保安依旧精神抖擞地站在门口，礼貌地打开车门，同时还特别小心地护住我的头顶，避免我被撞到。我走进大厅，前台接待人员微笑着对我说：“你好，欢迎光临××酒店。”在前台办理入住手续的时候，另外一位小姐端过来一杯热茶说：“天气很冷，这是我们特质的花茶，养颜暖胃的，请您品尝。”只见白色的杯子当中，有淡绿色的茶水，中间还有一抹红花，我的心情瞬间变好，喝了一口茶，水温也刚刚好。

进入房间的时候，我又发现了新的惊喜，桌上摆了糕点、水果和饮料，饮料也是热的。我很奇怪，打电话问了才知道，因为我到得比较晚，担心我肚子饿，所以酒店专门为我准备了夜宵。

其实酒店做这些事情，成本并不高，但是服务非常用心，直到现在我还记得当初的感动和舒适。

服务也是一种人生修行，体现的是一种境界，懂得客户的需求，能一对一服务，才能给客户安全感。

来自武汉一家农商行的会计主管小苏，平时负责银行的对公业务，也对接财政和一般的市政单位，每天办理最多的业务就是企业的开销户，她每天都会先将单位的存款营业表打印出来，第一关注客户的资金流向，资金余额；第二关注客户资金变动情况，对比数据，是否出现大额资金进出，方便后续工作的对接，比如客户为什么要把钱转走，下一步的跟进措施如何开展等。为了掌握客户信息，小苏把每个客户的资金、企业地址、办理人等信息导出，当出现法人或者财务人员变更频繁的情况时，可以及时联系客户。遇到资金流水比较多的，会让客户考虑购买理财产品，如果客户回答资金不足的话，小苏就会告诉客户，还有贷款、信用卡、分期业务等，给客户多样选择，毕竟多一个选择，就多一个机会。

有一天，在她在检查账户流水的时候，发现有个客户账上的资金一两年都没怎么流动，那是一笔将近1000万的活期存款。她当即跟客户经理反映，看能不能转化成理财产品，理财经理的回答是他上门咨询过两三次，客户50多岁了，觉得理财有风险，因此对理财业务比较排斥。小苏跟客户的爱人比较熟悉，于是找到客户的爱人说：

“我们的银行理财虽然说是非保本浮动收益，但是因为我们的利率较低，所以跟股票、基金的风险相比，我们的风险很小，而且我们银行已经开业8年了，都是按照利率兑付的。您不放心的话，可以投资一部分，比如投资一个期限最短的，我们有7天的存款理财。您放7天之后，可以随时申请赎回，赎回以后就自动到你的账户里了，资金流动也很方便，办理企业理财认证业务的流程非常简单，只要把身份证带来就可以办理了。”

过了一段时间，当客户来办理其他业务的时候，小苏再次告诉客户，7天的理财业务在线上线下都能办理，同时把产品宣传页交给客户。两天后，客户来电话了，询问这个理财产品有没有保障。小苏如实回答说，这款理财的利率比较稳妥，并且开业以来从来没有亏损。客户终于放下心来，第二天再次来到网点，买了1400万元的理财产品，一个月后，产生了将近4万元的利息，客户看得到了收益，于是一直坚持购买，再加上组合产品收益，一年之后利息甚至超过了100万元。后来客户又转过来1300万元，这个客户也成为这家银行的存款大户。

小苏说，从绩效考核的角度来看，7天理财没有长期存款的绩效点高，但是从客户的角度来看，7天的期限短，客户不用担心损失，相比个人利益，客户利益更重要。

面对陌生的客户，小苏也会用专业的服务赢得客户的信任。她说，如果一个业务，客户在其他网点要花两个小时，但在她这里只要半个小时，甚至10分钟，客户就会觉得节约了时间，满意度就会上升。

每一个到网点办理业务的客户，她都会第一时间添加客户微信，并将手机银行、网银业务等一并办理，如果客户在业务预约、打印回单等业务上遇到的小难题，也可以在微信上提前和她沟通，她也会提前准备好，客户来了以后直接拿走，节约了客户的时间。遇到特殊的业务，超出能力范围的事情，她会第一时间跟领导申请，跟客户协商，希望获得客户的谅解。比如，遇到没有预约就来网点取大额现金的业务，她并不是一口回绝，或者让客户改天再来，而是会跟就近的网点联系好，让客户直接去，不占用客户更多的时间。

遇到来开对公账户的客户，约好开户时间后，小苏会说："您再开一张个人储蓄卡吧，行内、跨行转账都很方便，免手续费，而且实时到账，存款到期了，来我们网点取单子，还能加强联系，后期对公业务和个人业务也可以一起管理，很方便。"

同时，她还建立了对公客户微信群，用来做网上对账工作。在微信群内，日常小指标也很容易完成。

作为销售人员，可能需要60%~75%的时间来开发新客户，而不能停留在让客户主动上门的状态，因此，销售人员要有开发潜在客户的技巧。

一般而言，开发潜在客户有五种常用技巧。

第一，收集信息。

当今社会是信息社会，信息传播的渠道极其丰富，销售人员要合理利用信息，打破信息壁垒，将信息变成黄金。

第二，人脉链接。

通过某种人际媒介的方式获得客户资源。例如，通过人际关系网可以获得客户资源，也有一些专业的推荐机构，此外，很多展览会也是圈内人士交流的良好平台。

第三，近悦远来。

销售人员通过服务现有客户，再去开发客户周围的资源，让客户对产品和服务满意，并把产品推荐给自己的朋友，最终销售人员会因此拥有一群客户。成功人士非常善于使用已有客户资源及网络，并逐步扩大其范围。

第四，陌生拜访。

销售人员往往需要进行一些陌生拜访，通过陌生拜访建立目标客户的初始名单，利用初始名单对与之相应的市场进行分析，对目标客户进行分级，并对不同级别的客户采用不同的策略。

第五，整合营销。

整合营销强调与消费者进行平等的双向沟通，了解消费者需要什么，并把自己的真实情况传达给消费者，根据消费者的信息反馈调整自身，如此循环，实现双赢，彻底摒弃强加于他人的促销行径。整合营销的关键在于真正重视消费者的行为反应，进行双向沟通，建立长久的、一对一的营销关系。

图 5–3　如何开发潜在客户

对于销售人员来说，销售是双赢，既能满足客户需求，企业也能因此受益。做销售要主动出击在客户面前要端正心态，站在客户的角度想问题，给客户想要的，而不是你想卖的。给客户提供便利，就是给自己创造机会。作为销售人员，要做到以下几点：

成就客户就是成就自己。在服务客户的过程中，要切实为客户着想；把客户当朋友，而且要真心对待你的朋友；了解客户的现状和背景，把握客户的真正需求；根据客户情况，提供切实可行的解决方案；为客户提供投入产出比，减少不必要的投入。

化被动为主动。主动关心客户，换位思考，不做“近视眼”，只看眼前利益，要做“望远镜”，看到更长远的利益。每个客户都是终身合作伙伴，这是个长久的事业。

加强团队合作。利用团队的力量，同心协力服务客户；提升销售队伍整体形象，加强培训；建立销售人员的个人品牌。

顺势交叉营销。不断扩大客户群，使客户价值最大化；开发新客户的同时，要维护老客户，提升客户的忠诚度，减少客户的流失；对客户进行细分管理，给不同的客户提供不同服务。

提高满意度。让客户成为永远的客户，由客户来主动宣传产品，不断提高客户的满意度；从每一件小事做起，言行举止规范管理，及时解决客户的问题，以客户为中心满足客户需求，尊重每位客户；努力实现一对一服务，加强对客户的感情投入；实现对客户的承诺，提升产品及服务质量。

优质的服务。随着现代工作生活节奏加快，对客户来说，速度比价格更为重要。销售人员从方便客户出发来简化服务程序和流程，加强与客户的沟通，规范服务流程；对客户的咨询进行分类，给出标准答案；实现一对一服务，乐观、自信地接待每一位客户；保持足够的耐心，挖掘客户的内在需求；及时应对客户的投诉以及反对意见，尽量在24小时内排除。

换位思考。没有人永远是只服务别人而不被服务的，也没有人永远是被人服务而不服务于人的。站在客户的立场思考问题，才会发现客户真正感兴趣或者担心的问题，更好地去满足客户需求。

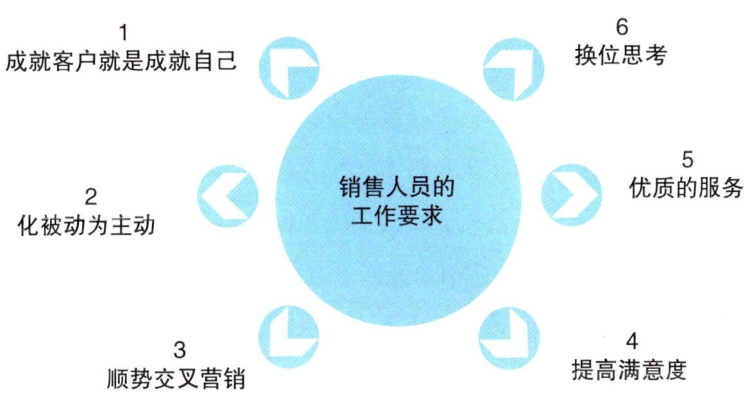

图 5–4　销售人员的工作要求

四、批量成交的沙龙活动

举办沙龙是介绍和宣传产品，实现"一对多"成交的方法之一，能够让客户深入了解企业、销售人员，以及企业的产品。销售人员在沙龙上，更容易获得客户认可，能够跟客户就某些问题展开讨论，深入挖掘客户需求，增强互进的关系，找到销售的突破点。

1.沙龙活动的注意事项

一是定主题。

金融行业的沙龙主题要根据客户群体分布、地理环境，以及网点内部的人力、物力、财力等资源确定，围绕客户需求尽情发挥创意。针对不同的主题，常见的沙龙活动有：

老年客户：养生沙龙类，防诈骗讲座等；

女性客户：手工制作类，如插花、女红等；

高端客户：财富沙龙类，如珠宝品鉴、茶艺鉴赏等；

签约商户：商户联合宣讲会；

企业客户：企业财税沙龙、财富资源链接会等；

儿童类：小小银行家、小小绘画家、小小烘焙师等；

运动类：健步行、亲子运动会等；

节日类：元宵喜乐会、中秋团圆会、圣诞之夜等；

异业联盟：比如和养生馆、美甲店、美容店合作等；

通用类：生日会等。

二是定人员。

总指挥：负责沙龙活动的人员安排、物资调用、费用支持等，一般由网点的管理者担任。

主持人：负责沙龙活动主持、氛围调动、引出主讲人等。

讲解员：沙龙活动的灵魂人物，负责讲解沙龙的PPT，要求熟悉内容，并精通产品讲解。

引导员：负责引导到场的客户进入沙龙会场、签到等事宜。

洽谈员：客户进入沙龙会场以后，有人负责跟客户交谈，挖掘客户潜在需求，以便后期跟进，一般由理财经理或者客户经理担任。

礼品派送员：沙龙活动结束后，负责派送礼品给客户，并做好登记。

现场新闻官：负责沙龙活动的现场播报。

摄影师：负责拍照、拍视频来作为宣传素材，尽可能抓拍到每个客户开心、感动的瞬间。

活动现场音乐师：负责沙龙活动音乐的播放，调动氛围。

在出现人员不足的情况下，可由一人兼任多岗位，如音乐师、摄影师、礼品派送员可由同一人担任。

三是定邀约。

一场成功沙龙活动需要全员的配合，不要以为仅仅是理财经理一个人的事情。任何时候，团队的力量都是惊人的。

下面以通用类的生日沙龙活动举例，提供一份邀约话术给大家参考：

王师傅您好！

我是您的××（单位名称）专属客户经××，我们的网点在××。为了回馈贵宾客户，本周五上午9:30，在我们支行贵宾厅将为八月份过生日的贵宾客户，举办一场隆重的集体庆生活动！

您是我们的贵宾客户，我记得您的生日是在八月份，诚邀您参加本次活动。在这里，大家可以一起热闹热闹过生日，一起交朋友，一起唱生日歌，一起切蛋糕……相信一定会成为一个让您难忘的生日宴会！

您也可以带一位朋友或者家人前来，请提前告知我您的应约人数，我会提前做好安排。

我们还专门为参加本次活动的贵宾客户准备了一份神秘纪念品，期待您的到来！

在这份邀约话术中，有以下几个重点。

第一，自我介绍。根据当地客户能接受的风俗习惯来称呼客户，不要过于官方，有的地方喜欢称呼客户为“老师”，有的称呼为“师傅”，还有的称呼为“爷爷”等。如果你会说当地的方言，客户会感觉更亲切，邀约的成功率也会更高。

第二，唤醒记忆。在打招呼结束以后，告诉客户你是谁，要让客户有被重视的感觉，所以“专属客户经理”这一类的话很关键。告诉客户网点的地址，注意，要有标志性的建筑物提示，方便客户回忆。要陈述客户级别，比如，资产5万以上的可以说是“贵宾客户”，开卡超过一年的可以说是“老客户”，如果资产没有达到或者开卡年限也不足一年，可以根据客户办理的业务类型来邀约，比如，“您在我们支行开过卡”。总之，需要找到一个连接点来帮助客户回忆。

第三，陈述目的。告诉客户本次邀约活动的目的、时间、地点、活动形式、赠品等，还要表达对客户的尊重。

第四，请求回应。可以邀请客户带家人和朋友一起来，一方面活动现场会更热闹，另一方面无形中客户也帮我们做了转介绍。如果客户本次不能来参加，可以登记好客户喜欢的活动类型，以便下次有类似活动可以第一时间邀约客户参加。

图 5–5　邀约话术的重点

在进行邀约时还要注意下面几点事项：

第一，准备邀约海报。在邀约成功后发送海报（包含活动主题、内容、地址等）给客户。

第二，活动开始前一天，再一次跟客户确认，并在活动举办当天提醒客户。

第三，根据沙龙目标群体来邀约客户，注意年龄层分布，尽可能将同一年龄层、同一客户级别的人安排在一场活动中。

第四，当电话邀约人数不足时，可以调动微信一对一私聊，在朋友圈宣传邀约，并对到店客户进行现场邀约。

第五，活动到场人数应在10~20人，一般活动邀约的到场率是50%，所以如果目标是10人，需要邀约至少20人，以此类推。

沙龙活动正式开始后，主持人和主讲人要分别进入会场，相互配合。一场高效的沙龙活动是在固定时间内，做到批量营销、精准营销，要把握营销时机，达成目的。这些都是我们在设计沙龙活动流程时，需要考虑的问题。

2.沙龙活动的时间安排

在一场60分钟的沙龙活动时间里，我们要做的事情有：

深入了解客户需求；

抓住客户的注意力；

与客户互动，提升客户体验；

产品介绍；

促成订单。

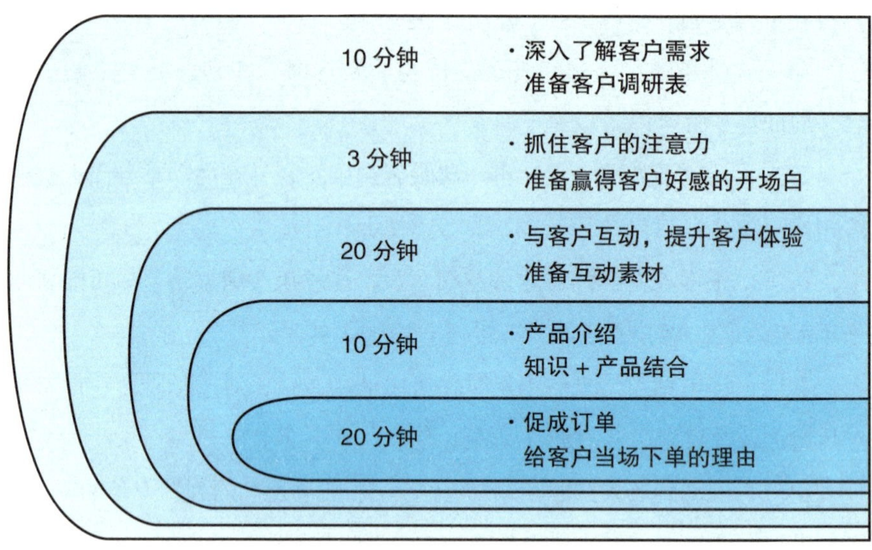

图 5-6　沙龙活动时间分配示意图

（1）10分钟深入了解客户需求

客户的决策是一个复杂的过程，刚开始处于没有需求或者说需求模糊的状态，没有明显的购买欲望。为了增加跟客户的接触机会，提升信任关系，销售人员获得的客户资料越详细，赢得订单的可能性也就越大，这就需要销售人员在聊天的过程中与客户建立信任关系，收集客户个人资料，找到突破点。

下面就是一个例子。

刘经理参加了公司举办的企业家沙龙，他特别安排了一个小推车，上面有咖啡、茶点、瓜果，当客户们休息的时候，就把小推车推到门口。客户们在会上聊得非常高兴，又看到准备的点心、瓜果，心情就更加轻松愉快了，纷纷谈论起来。刘经理于是和客户方的一位主任一起喝了咖啡，因为大家谈得很高兴，活动时间还延长了半个小时。

刘经理："老板，您平时有什么爱好？周末休息的时候有哪些活动呢？"

老板："周末比较闲，近来一直在打网球。"

刘经理："我也在打网球。您平时都跟谁打啊？"

老板："约约朋友，一起玩。"

刘经理："您没找个教练？我现在就是每天跟着教练一起打，进步很快，运动量也不是特别大。我每周都在打，下次我给您打电话，一块去啊？"

老板："看时间吧。"

到了周六，刘经理约了这位客户一起打网球，两人玩得非常高兴。就这样，两个人之后在一起打了好几次网球，在充分熟悉以后，生意也就在网球场上谈起来了。

刘经理："您觉得我这个人怎么样？"

老板："不错。"

刘经理："那您觉得我们的产品怎么样？"

老板："名牌，好。"

刘经理："就像我们一起打网球一样，了解了才知道对方很好。要不您先考虑我们的建议？"

老板："不用考虑了，就这么定吧。"

在营销的过程中，要把握合适的时间，选择客户不忙、心情舒畅的时候谈生意；要找到关键人；要给客户推荐真正符合需求的产品。销售是否成功，前5分钟是黄金时间，如果客户在5分钟内就认可了企业的品牌、产品的质量、销售员本人，那么整个销售成功的可能性会很大。

所以，作为销售人员，要深入了解客户的个人信息，比如姓名、年龄、婚否、毕业学校、毕业时间、专业、工作单位、职务、兴趣爱好、朋友圈层等。如果是公司，还要了解公司的组织架构、产品、服务、核心竞争力、上中下游企业等。

了解到的所有信息，需要专门存档记录，按照客户类型，分类存放。

（2）3分钟开场白，抓住客户的注意力

好的开始是成功的一半，给客户建立一个良好的第一印象，有助于后期成交，开场白包括四个方面。

第一，致谢。感谢客户的到来，拉近客户距离，同时让客户感受到我们做活动的诚意。

第二，自我介绍。说清楚自己的名字、岗位、优势，让客户重新认识你，加强信任关系。

第三，活动流程。让客户明白本次活动内容以及活动价值，拉高客户的兴趣点。

第四，引出产品。为接下来的产品介绍搭建自然转折语，巧妙地过渡到产品讲解环节。

以下是一家银行沙龙活动开场：

各位亲爱的来宾，大家早上好！

感谢大家来参加“携手同心，感恩有您”——五月寿星生日会。

我们银行在本地落户已经四年了，在座有些嘉宾也支持我们四年了。我们每年都有生日回馈，但生日会还是头一次专门举办。在这里，衷心地向您说：欢迎您！祝您生日快乐。

我是今天的主持人，也是这家银行的理财经理，在银行从业10年了，取得了AFP理财资格证书，累积服务了3000位银行客户。未来，我希望帮助更多客户通过健康理财，创造幸福人生。

下面一起来听听今天的活动流程：

1.领导致辞；

2.银行最新活动介绍；

3.创意头饰DIY；

4.切蛋糕；

5.合影留念。

那么，首先请银行分行个人金融部总经理为本次活动致辞。

……

感谢王总的真诚致辞！刚刚王总说到的一点很重要：我们希望在安全稳健的环境下，让客户的钱越来越多，钱包越来越鼓，这是我行必须为客户做到的，也是银行该有的最大诚意。在对客户的诚意方面，我们可不是只有嘴上说说，还有实际行动……

（3）20分钟与客户互动，提升客户体验

沙龙活动的互动环节是跟客户建立信任关系的好时机。沙龙会场提问互动的形式有三种。

第一，与产品相关。如果遇到此类问题，客户可能是对产品有兴趣，销售人员要做的就是抓住时机，赶紧切入，及时解决疑虑，促成订单。

第二，日常聊天。在聊天的过程中围绕客户做两件事，第一件事，持续挖掘客户需求；第二件事，透露给客户产品的好处。

比如可以这样告诉客户：

您知道吗，我们有一位退了休的老干部客户，每天在公园晨运的时候就把我们银行的各种优点告诉给他周围的老同志们，一个月下来1200元的话费就轻易到手了。您不妨也可以在喝早茶、小区散步、跳广场舞的时候，顺便宣传一下我行的理财，多赚点话费哦。

第三，与主题相关。与沙龙活动有关的主题，如生日会、手工、亲子运动、养生等。如果客户问到此类问题，可以问一下客户喜欢的活动类型，同时还能了解到竞争对手的情况，也能加强客户的体验。

在互动过程中，我们主要做的事情是最大限度地调动客户积极的情绪，给客户留下好的感受。摄影师在拍照的时候，要注意抓拍到触动客户正向情绪的点。如此，客户转发朋友圈时，还可以为下一次的活动铺垫。

（4）10分钟产品介绍

沙龙活动的最终目的是销售成交，所以产品讲解环节至关重要。在开场白到产品讲解中，需要有一个过渡，最好能承上启下。通常可以借助与客户息息相关的外部环境变化、出台的最新政策等打开话题，抓住客户的注意力。时间控制在10分钟以内，避免时间过长造成客户负面情绪的产生，影响后续成交。可采用讲故事、利用道具等形式，增加产品讲解的趣味性。

要使用标准的销售话术。标准的销售话术，是指列出经常被客户提问的题目，拟出标准答案，装订成册，让每一位销售人员熟记。对于经常被客户问到的问题，一定要及时整理，并研究出合理的答案。只有与客户进行沟通的实践，确定科学的答案，才会保证销售效果。当没有标准的销售话术和答案时，对于客户的提问只能靠销售人员的临时反应，往往不能提供非常合理、科学的答案。科学的做法就是建立标准的销售话术库，掌握话术背后的底层逻辑。

一般而言，标准的销售话术要符合FAB原则。

F（Feature）：属性、特点、功能；A（Advantage）：优点；B（Benefit）：对客户的好处、利益。

充分利用FAB原则介绍产品，可以激发客户购买的情绪，使客户清晰、准确地了解产品的功能、特点以及从中获得的益处。无论销售什么产品，最终销售的都是产品带给客户的好处，而不仅仅是产品本身，如果销售人员没有掌握产品的精髓，客户就无法找到产品与需求之间的切合点。

在销售的过程中，销售人员要充分利用好FAB原则，掌握好销售话术，通常有以下五个要点。

第一，调动五感。

充分调动客户五大感觉，并找出主要感觉。五大感觉是指视觉、触觉、听觉、味觉、嗅觉。每个人的感觉灵敏度都不一样，销售人员要清楚对面客户的所属类型。以推销手机为例，通常销售人员都会让客户触摸机身，感受其质感和线条，通过调动触觉，提升客户对产品的认知度。

第二，增加兴趣。

如果说明性语言过多，客户听之无味，就无法充分调动五大感官。在与客户互动的过程中，销售人员应该减少说明性语言，增加客户感兴趣的语言。比如，主持人将沙龙活动的主题结合到自己儿时小公主的梦想，从而切合到产品“为爱加冕小皇冠”套装，可谓巧妙。当客户听完故事之后，就会产生联想，最后产生购买冲动。主持人用生动的故事吸引、调动了客户的情绪。

今天为大家举办生日会，我先给大家讲讲我的幸福回忆吧。小时候，我家里有一台缝纫机，妈妈偶尔会买几匹布回来给我做连衣裙。穿上漂亮的连衣裙，看到被裁剪剩下的同花式小布条，我就会将它绑在我高高的马尾辫上，那时候觉得自己非常的美，现在回头看，应该是最炫民族风了。

长大一点儿后，妈妈常会给我钱，让我去帮忙买东西，找零的钱我可以自由支配。小卖店旁边有一家布店，里面挂着很多漂亮的丝带，我每次都拿着找零的钱去买几小段丝带，然后回家织成自己喜欢的头花，戴上后，觉得自己是最美丽的小公主。

后来我遇到了我的先生，我俩结婚的时候，虽然没有童话故事里的南瓜马车，但是有马车，在婚礼上，我先生亲手给我带上了闪亮的皇冠，之后的日子，他也信守承诺把我宠成了公主。

相信在座的很多女士们曾经都有过公主梦，今天为您庆祝生辰，我们也希望能让您成为公主。这款迪士尼的“为爱加冕小皇冠”套装，里面有纯金的小皇冠、18K的项链和冰雪奇缘里的小雪花装饰，只要1698元，今天购买还送皇家小马车首饰盒，里面包含1枚戒指和3个车轮，都可以分别佩戴哦。有兴趣的朋友稍后可以试戴拍照，圆一个公主梦。

第三，强化互动。

在销售过程中，销售人员一定要强化情感语言的互动，增加客户的正面情绪，减少负面情绪，当客户情绪被激发出来后，就会产生购买的冲动。参与沙龙的人，在一起做手工的过程中，相互交流，其乐融融，会有强烈的参与感，能够创造一种积极正面的印象。

第四，寻找需求。

在销售过程中，如果销售人员一味地陈述自己认为重要的内容，结果往往会被客户拒绝，因为销售人员说的并不一定是客户想听的。正确的做法应该是增加询问、反问等针对性问题，找到客户内心真正的需求，并根据需求进行说明。比如，沙龙中可以这样说：

“我们银行的大额存单基准利率上浮52%，大家看，20万起存，三年定期，利率4.18%，而且，这是存款，受国家存款保障条例保护的。办理大额存单，还额外奖励每万40积分。大家可以算算，买一笔大额存单能拿多少积分？按50积分换1袋米，能换多少袋大米？”

如果到场的客户以老年客户为主，那么生活用品的奖励更能刺激客户产生购买行为。

第五，优者取胜。

很多销售人员用了“FAB”话术，为什么还是不能打动客户呢？有个重要的细节，就是把更多的精力用在“F”上面，也就是一味地告诉客户产品属性。如果在够买一款巧克力的时候，销售顾问仅仅说：“我们的产品是用可可脂、砂糖、乳糖、硬脂酸、磷脂等做成的。”我猜听的人瞬间就没有食欲了。巧克力通常是跟什么挂钩呢？爱情。所以，如果想要获得更多的销售订单，销售的介绍顺序应该是“ABF”。比如巧克力公司会说，巧克力口感很丝滑（A），吃了他们的巧克力，会让大脑中分泌多巴胺，有谈恋爱的感觉，生活甜甜蜜蜜，爱情更长久，幸福更醇厚（B）。巧克力当中的主要成分是可可脂，是一种健康的反镇静成分，能舒缓情绪（F）。

图 5–7 销售话术五要点

（5）20分钟促成订单

决胜20分钟，前面的开场白、需求挖掘、产品介绍及互动，都是为了这20分钟搭建成交坡道。

有一天出差在外，正在逛街的我来到一家鞋店，当我走进鞋店时，销售员马上迎上来说：“您好，您是想要看高跟鞋还是平底鞋？”。我随口回了一句："随便看看。"销售人员又说："我看您在看高跟鞋，您喜欢黑色、红色还是米色？"我当下觉得这个销售顾问不简单，如果我回答了这个问题，不管是三个颜色中任何一个，都有成交的可能。于是，我笑笑，没有直接回答，继续说随便看看。销售员又说了："我看您一直在看黑色的高跟鞋，请问您平时穿多大码？36还是37，我替您拿几款试一试吧。"

销售员的这个问题简直太厉害了，只要我回答码数，几乎就接近成交了。我继续说："再看看。"销售员并不气馁，也继续说："您是做什么行业的？"我随意地说："培训师。"销售员说："难怪您在看这款黑色高跟鞋，这是我们店的爆款，设计非常棒，特别适合职业女性。我可以看看有没有您的码数，对了，您穿多大码？"我不由自主地说出36码，她立刻去找鞋帮我试穿。于是，我很自然地问这双鞋多少钱，接着打包带走了。

当我走出门，再重新回顾整个过程的时候，从"随便看看"到询问多少钱，再到直接购买，怎么转变如此之快？

回头一问才知道，这位销售顾问是连续三年的销售冠军，她说，她相信每个进店的客户都是有购买需求的，既然想买，那就要帮助客户选择适合的鞋子。

因为这位销售员坚信顾客是需要购买的人，才会有了之前那些询问，而顾客一直在回答她的问题，才会有思维转变。一切都很自然，能顺理成章说服自己的人就能说服别人。因为她有成交信念，她相信每个进来的客户都是有购买需求的，所以拿出了百分之百的诚意来服务客户。因此，认定客户会成交，给客户出选择题，大胆把握主动权，才有可能拿到订单。

3.沙龙复盘

复盘思维诞生于围棋比赛，本是用于选手在对决后对自己思路的调整和梳理，后来被广泛应用在活动结束、日常工作和生活中。

为什么办了很多场沙龙活动依然无法达到预期的效果？如何评估一场沙龙的效果？怎么克服困难？

“KISS”复盘模型有助于一场活动更好的展开。

Keep，需要保持的。沙龙活动中做得好的部分，比如会场布置、主持、音乐、互动等，继续保持。

Improve，需要改进的。做得不好、准备不充分，或者还需要继续调整的部分，后续加强改进。

Start，需要开始的。还有哪些新的想法和思路，在这次活动当中没有做的，可以用于以后活动实施。

Stop，需要停止的。不利于活动开展的部分，即刻停止。

沙龙活动现场的结束是跟进的开始，也称为追销。什么时候发信息、打电话，客户经理都要有策略，同时也要密集进行。

图 5–8 “KISS”复盘模型

4.沙龙前后的客户跟进

对客户跟进的方法主要有三个：发短信、发微信、打追踪电话。

给客户发短信的内容很重要。起初与客户的关系还不是很密切的时候，发条短信表示感谢和提醒，以此慢慢建立熟悉的关系。不要只询问客户是否已经做出决定，或者考虑如何等问题，每次传递的信息也不能只是产品资料。对于客户来说，这是完全没有任何价值的沟通。销售人员每次与客户接触的时候，应该传递一些对客户有价值的信息。

（1）跟进频率

销售人员在沙龙活动前，与客户进行第一次电话沟通后，建议给客户发条短信或者微信。发短信的目的是强化印象、加强信任感；发微信的目的是总结当天所谈的事情，加强信任感。

具体时间点是在通话结束后立即发短信，接着发微信，晚上再发一条微信。这样，销售人员与客户通话后至少有三次接触机会，概括起来就是，一次电话、两条微信、一次短信，目的都是强化给客户的印象。

与客户进行了初步的四次接触并在沙龙活动结束后，要开始打追踪电话。在正常情况下，与客户现场见面后，二次沟通的时间通常约在第二天，目的是听取客户对沙龙活动的意见，此时，销售人员与客户已经有了六次接触。

追踪电话结束以后，销售人员要在当天晚上给客户发微信，进行内容总结。在正常情况下，跟进的频率与决策周期有一定关系。对于购买频率非常低，甚至是一年只购买一次产品的客户，销售人员往往不知如何跟进与建立关系。实际上，善于利用短信、微信接触就是行之有效的方法。如果与客户的交流周期是两个月，起初客户没有需求，可能两个月后就会产生需求，最好的电话接触频率是两周一次，此外还要有一次短信和一次微信的接触。

销售人员跟进客户的频率应该频繁一些，但也要掌握好度。多数客户经理都认为两周通一次电话是比较合适的。因为随着客户需求的转变，如果在客户产生需求的时候，销售人员没有及时联系，就可能错失客户。

（2）推荐技巧

跟进中，销售人员要善于鼓励老客户推荐新客户，并掌握一定的推荐技巧。

第一，自我介绍。对于老客户，销售人员只需要进行简单自我介绍即可，目的是唤起客户的记忆，增加信任感。

第二，唤醒记忆。当客户记忆被唤醒之后，销售人员需要进行寒暄。例如，可以询问客户公司最近的情况，产品使用后的情况，或聊聊家常等等，目的是创造比较融洽的气氛。

第三，陈述目的。陈述目的与沙龙邀约的话术有些相似，即打电话的主要目的是什么。通常可以这样说：

“是这样的，王总，其实我给您打电话，是因为我需要您的帮助，因为我现在正在开发新业务，我希望和您沟通一下，看看我们是否还有进一步的合作空间。”

这样的话术可以让客户更开心，销售人员说需要客户的帮助，也能满足客户的心理需求。

既然要寻求帮助，就要告诉客户自己正在寻求的目标客户的特点及目标客户的类型等。

如果销售人员与客户的关系非常好，客户可能会主动问到什么样的客户才是比较合适的。否则销售人员只有将目标客户的特征向老客户表述清楚，才能够更好地进行销售。

第四，请求回应。销售人员在请求对方给予回应的时候，可以更加果断一些，通常可以采用三种方式。

第一种，直接要名单。销售人员在向老客户直接要名单的时候，可以采用一些话术，请求对方给予回应：

“是这样的，现在我正在开发业务，我非常感谢您能够帮我，其实我一直都觉得您朋友多，讲义气，人脉广，您给我推荐一两个有同样需求的朋友吧。”

第二种，“最信任的人”话术。销售人员可以把老客户说成自己最信任的人，给客户发一张“信任卡”：

“其实在我们的交往当中，我觉得您一直是我最信任的人，相信这次您一定可以帮到我。”

这句话的威力非常大，在无形中会让客户感觉到自己在别人心中的重要性，由此可能产生一种帮忙的心态。还可以这样说：

“是这样子的，其实我真不应该打电话给您，不过我现在遇到了一个问题，我想找人说一说，想来想去都觉得您是我最信任的人，这句话只能当面跟您讲，您看您今天或者明天有时间吗？”

客户听到销售人员推心置腹地说这些话的时候，肯定会继续听下去的。

第三种，利用过渡时间得到承诺。销售人员也可以给客户留出时间范围，利用“二选一”的方法，使客户做出一个承诺。

在很长时间没有与客户进行联系的情况下，突然联系可能会让客户感觉有些唐突。但是如果有销售机会，也可以与客户进行联系，顺便让其帮忙推荐。最重要的就是得到一个结果，得到一种承诺。

第五，表达感谢。在任何时候都要记得跟进和感谢，如果某个客户帮助推荐了新客户，对于新客户的任何进展都要随时告诉给推荐人。销售人员可以采取发信息或打电话的方式，让客户随时知道在推荐以后所起到的作用，结束时还要对客户进行感谢。下次见面时，给客户准备一份谢礼。

小　结

打造个人品牌就是把自己用各种方式成功推销出去，提升销售能力，为个人品牌插上腾飞的翅膀。

练　习

一场沙龙活动是对一个人综合能力的考察，请利用本章的内容，策划一次提升个人品牌销售力的活动，并对活动进行复盘总结。

第六章　创新力升华个人品牌

一、经济增长的来源

杰克·韦尔奇认为，在商业领域中，最好将创新定义为每个人都可以做到的“渐进式改进”，只有这样，才最有可能实现创新。创新是一个循序渐进的、持续不断的、正常的事情。

创新是一种心态，一个人无论位于哪个人生阶段，在每天早上起床的那一刻都应思考今天如何创新。

也有人说创新是返璞归真，也就是自然的发生。

还有人说创新是物种的变异，比如，在生物体的演化过程中，下一代出现了上一代没有的特征；人类完成了从猿到人、从爬行到直立行走的生物体进化。

知名企业家埃隆·马斯克，他的创新产品之一就是在全球范围内都炙手可热的特斯拉电动汽车。2015年，他以特斯拉CEO的身份来中国参加了博鳌亚洲论坛。

马斯克创立了大名鼎鼎的网络支付平台贝宝；31岁就成为亿万富翁；用10年时间制造出世界价格最低的运载火箭，开启了私人探索太空的时代；制造出第一辆在商业上获得成功的电动汽车；新能源太阳城计划正在发展；45分钟横跨美国的超级高铁正在构想。

面对这一份疯狂的创新成绩单，马斯克说：“失败也是一个选项。如果你没有失败，那意味着你的创新精神还不够。”

2002年10月，贝宝被ebay用15亿美元的股票收购。马斯克立即用这笔钱创立了两家新公司——太阳城以及太空探索技术公司。他在硅谷声名鹊起，各项计划也在野心勃勃地推进。

然而，命运给了他当头一棒。旗下的猎鹰火箭三次发射均遭遇失败，2008年席卷全球的经济危机让他的公司接连面临倒闭。

面对这种“创新者的窘境”，他认识到创新要直面失败，就像他对待物理学的态度：学习的时候假设自己是错的，而不是假设自己是正确的，这样就不得不证明自己没有错。虽然没有人喜欢失败，但是如果你只能做肯定能成功的事情，那么你就只能做十分稀松平凡的事情。

生活中有确定性和不确定性。如果所有人都只做“确定”的事情，过着按部就班的生活，社会会如何变化？人类又怎么进步？

创新是人类特有的一种能力。从人类的认知和社会发展都可以看出，从茹毛饮血、洞穴居住、刀耕火种的原始社会，走到航天飞船、万物互联的现代社会，创新都是一种巨大的推动力。

赫拉利在《人类简史》中说，在人类历史上有三大重要革命，“认知革命”“农业革命”“科学革命”，每一次革命都在推动历史的年轮更快地向前行驶。

大约七万年以前，我们的祖先智人发生了一场认知革命，出现了新的思维方式和语言，从此有了相互沟通信息的方式。他们制造和使用工具，开展狩猎采集，学会了分工和合作。

大约在一万年前，随着大脑的演化，人类开始种植小麦等农作物，驯化家禽、家畜等，从此进入农业革命时代。在人类扩张世界的过程中，猪、牛、羊、鸡遍布全球各地。农业革命期间，人类的信息量不断加大，有了宗教，诞生了国家。

随着文化的不断兴起，人类力量惊人成长，进入了科技革命时代，启动了工业的巨轮，资本随之诞生，家禽家畜的养殖从人工饲养到商业化批量生产，人类经济呈现了指数级增长。

现代广告业的权威人物奥格威，用了三个星期的时间研究劳斯莱斯的汽车，最后找到了一个卖点。这个卖点来自劳斯莱斯技术手册里边的提示，手册说这个车子有个缺点，有时候开起来会有杂音，杂音来源于车内电子钟的滴答声。

奥格威看完所有的技术手册以后，找到最好卖点就是这个。他的广告标题写道："在时速60英里的劳斯莱斯汽车中，最大的噪音来自电子钟的滴答声。"这样一个广告，将劳斯莱斯推上了神坛。

评价一个创意的好坏，第一是独特，第二是准确，两点都具备才能够精准打动消费者。奥德威以电子钟的滴答声为切入点，让人们联想到车内安静的环境，来凸显车的品质之高、质量之好、价值之大，让产品的弱点变成了力量之源。

行为学理论认为，人类对事情的记忆是有方向的，往往是先记住一个点，由一个点衍生出其他事情，即思维朝其他方向发散，围绕原点相关的事情最后回到原点，与原点发生联系，这就是联想。

当联想越来越多，最后就形成了记忆树。在这个联想里面有很多场景化的东西，每个场景又都富有概念。比如"自由"的概念，你会联想到没人打扰、安静、飞翔的鸟、旅游等。

华杉、华楠在《超级符号就是超级创意》一书中提出，超级符号"能让亿万消费者，对一个陌生的新品牌，只看一眼、听一声，就能够记住它、熟悉它，甚至逢人就爱谈论它"，同时"超级符号是人类文化的原型，蕴含人类文化的原力"。有了超级符号，能够把碎片化的信息整合在一起，加强信息传播。

比如，耐克品牌将产品的价格、材质信息、功能信息等，全部融合进广告语“Just do it”，没有直接说鞋子物超所值，有耐用的鞋底，颜色好看，可以搭配各种牛仔裤，跑起来脚底很软，因为鞋底有底纹可以很好地保持身体平衡，即便长距离跑步也不会感觉疲劳，而是用一句“Just do it”，就让人联想到耐克鞋，联想到跑步的轻快感。这种感觉让人放松，值得骄傲，想做就做，坚持不懈，突出了年轻人爱运动、爱自由的理念，甚至可以联想自己喜欢的偶像明星在操场上打篮球的场景。

人的短时记忆容量是7±2个，短时记忆的保持时间在无复述的情况下，只有5~20秒，最长不超过一分钟。所以，一个超级符号要尽可能浓缩产品的信息，要准确表达，尽最大可能扩大影响力。

超级符号的表达方式有很多种，比如语言、音乐、颜色、背景、人物、故事、场合、质地、名字、产品等。最好的方式是能用语言准确表达，如果不能准确表达，可以设计一段音乐，或者用大量的颜色来显示。招商银行的“因您而变”，加上标志的大块红色，加深了人们的印象。

在中国银行业协会发布的“2022年中国银行业100强榜单”中，常熟农村商业银行排名第81位，位列全国县域级农商行首位。

常熟农商行作为一家股份制商业银行，成功改制后，打造了全新的形象，解决了当地人理财意识不强、对银行不信任的状态。其主流客户群体是常熟当地的客户。结合当地独有的文化底蕴，将自然风光融进企业形象，拍摄了一个《自己人》的广告，广告语是“这里的山，诚信不移；这里的水，润泽四方；自己的家，自己的银行”，还提出了一个概念“自己的银行当然首选”，瞬间拉近了与当地民众的距离。

中国银行的广告是一个空空的黑色皮包，只插了一张卡。广告语是“功能之多，一张足矣”，表现了中国银行借记卡的最大特点，简洁有力，让人印象深刻。

创新的本质是思维方式的改变，是打破，是突破！

毕加索作为20世纪最伟大的艺术家之一，最看不惯“惯例”和“趋势”，甚至卖画的方式也独具一格。

毕加索是现代艺术的创始人之一，出生在西班牙，一生创作了约六万件作品。在家乡闯出一番名气之后，他又去了巴黎。刚到巴黎的时候，他还没有名气，为了把自己的画成功卖出去，他开始了“颠覆式创新”，给自己做了一场营销策划，比乔布斯的“饥饿营销”早了100年。

毕加索在当地找来一群大学生，让学生每天去巴黎所有的画廊闲逛，进店以后，这里看看，那里瞧瞧，好像在找画的样子，最后装作没有看到满意的画的样子，还去问老板：“在哪里能买到毕加索的画呢？”一次，两次，三次……就这样，巴黎所有画廊的老板脑袋里面很快就装满了“毕加索”的名字，非常渴望能够拥有毕加索的作品。等到大家都迫不及待之时，毕加索带着自己的画进驻画廊，一夜成名。

毕加索在对待自己的“创意画”时，也有着不寻常的回答。他工作了好几个月，终于替板着脸的一位女士画完画像，虽然这部作品后来被普遍认为是艺术史上的重要作品之一，但当时画中的女主角看到画像如同非洲面具般的风格时，心情跌入了谷底，便对毕加索说：“亲爱的毕加索，我看起来不像那样吧。”毕加索回答：“你会的。”

创新并不是眼前所见的样子，而是未来所看到的样子，需要超凡的洞察力和大胆的想象力，才能表现出未来可能出现的状态，将产品带入一个新的境界。

二、价值决定位置

1.诚心创造价值

《大学》中说“诚意正心，修身齐家治国平天下”。那什么是正心呢？就是不贪心，不求多，走大路，行正道；要在合理合法合规的情况下做生意，不僭越；作为商人，在规矩之内，说过的话、承诺的事情要兑现。如果偏离了正心会怎么样呢？就会受到伤害，商人和客户都会受到伤害，两败俱伤，得不偿失。

《中庸》说：“诚者，天之道也；诚之者，人之道也。”“君子贵诚，不诚无物。”生活、工作、学习都需要诚心，一个人如果没有诚心，做什么事都做不好。所以，一个人对万事万物都要有诚意，也就能活出真正的自我，实现生命的价值。

创新是做个人品牌的核心能力，将决定你未来财富积累的厚度和深度。

那么，创新需要灵感吗？如何找到创新的灵感呢？灵感的来源是什么呢？

心诚则灵。

只要你保持着诚意的初心，创意的灵感就会源源不断。不忘初心，方得始终。《三字经》中说“人之初，性本善”。什么是“初心”？就是最初的想法，最初的善心、善意、善行。

弗洛伊德在人格理论中，创立了本我、自我与超我三个概念。

本我是人类最基本的需求，当需求产生的时候，要立刻满足。就像刚出生的婴儿，饿了就要吃，不管在何时何地，不管妈妈在做什么。本我是建立在自我需求和满足的基础上，遵循“快乐原则”。

超我遵循的是道德原则。在弗洛伊德的学说中，超我是对客体的冲突，可以说是本我的对立面，心理和身体行为受到道德的约束。

自我在本我和超我之间，平衡本我的需求，满足超我的限制，遵循的是现实原则。自我会控制本我造成的内心冲突。

简单来说，本我是人的天性，自我是平衡的杠杆，超我是终极理性。

本我是凡事只要自己开心，别人的事与我无关。超我是哪怕这件事做了会很开心，也不能做。自我是选择一件事，既能让自己开心，又不违背社会公德。如果说本我好像一匹脱缰的野马，那么自我就是拉着本我、回归原本轨道的缰绳，而超我指挥自我在正确的轨道上行驶。

创新的背后其实体现的是一种诚意、一种精神、一种执着、一种对卓越追求的信仰、一种活出自我的态度。

2.初心维护价值

人要拥有幸福人生，必须靠自己不断努力，不断拼搏！

人一生都在追求财富，渴望从此登上人生巅峰，明明看了很多创富的书，学习了很多投资的宝典，可是终究求而不得，为什么呢？难道学习到的知识是错误的吗？

当然不是！

那么，问题到底出在哪里？

在电视剧《人民的名义》中，那些违法犯罪的干部，当初也是怀着美好梦想，想要干出一番事业，然后走上工作岗位，从基层一步一个脚印开始，吃过苦，受过累，经受住考验。可是，随着职务的高升，权力越来越大，经受了太多“糖衣炮弹”，慢慢丢了初心。

“玻璃大王”曹德旺曾说过，一般人守不住财富是因为钱有很强的“反噬”能力，除非有很高的德行，否则就算得到了财，也守不住财。从1983—2020年，曹德旺累积个人捐款达110亿元。在酒店参加企业家聚会时，别人在交换名片，谈业务，结交各行各业的老板，只有曹德旺专心吃饭，该吃饭时好好吃饭，秉持的就是一颗初心。

为什么很多突然中了彩票的人，80%过得不如以前呢？

先不说这个数据的真实性，如果身边有这样的“幸运儿”，可以仔细观察下，他们后来都怎么样了，是过着幸福快乐的日子，还是开启了“悲惨人生”？

湖南有个外出打工的小伙子，一次偶然机会中买了张福利彩票，中了1000万元，于是开始大肆挥霍，买豪车豪宅；大笔投资多个项目；拿出100万元跟老婆离婚；拿着几十万赌博……最后因为经营不善，损失了很多钱，仅过去了四年，又回到了身无分文的日子，只能卖车、卖房，还因为恶意欠款进了监狱。

诸如“中彩票”的幸运，这种突然到来的财富到底是好还是坏？祸兮福所倚，福兮祸所伏，不属于自己的财富，最终依然是“黄粱一梦”。

3.学习磨炼价值

“股神”巴菲特说过，人生最重要的投资，是投资自己！

巴菲特在92岁的年纪依然还在坚持早起工作，每天花80%的工作时间用来学习，有丰富的知识储备，被称为“移动的图书馆”。

所以，投资自己是最有意义的事情之一。

中国古代哲学家荀子说过，“人最为天下贵”。人之贵就在于人能够创造价值！

一个人的价值有自我价值和社会价值两个方面。通过劳动获得所需，自我价值就越大，对社会的贡献越大，社会价值就越高。

“玉不琢不成器，人不学不知义。”玉石外表被污垢层层包裹，要想成为有价值的玉石，要经过切割、打磨、抛光等一系列动作，才能重新绽放光彩。人在经历了“苦其心志，劳其筋骨”的磨炼后，才有了能力的提高及价值的提升。

有一个关于铁块的故事。

一个铁块，在第一个铁匠眼中，只值五元钱，他觉得没有必要花费时间和精力打磨它，认为这个铁块最多能做个马掌，于是在他的打磨下，铁块的价值提升到了10元，铁匠对此很满意。

一个磨刀匠看到这个用铁块打磨成的马掌，便把它放进烧制的炉子里，马掌在高温下融化，匠人将其锻造成刀，再投入冷水中增加韧度，最后细致地打磨抛光。经过提炼加工，铁块变成了锋利的刀，价值提升到2000元。

此时，铁块的价值已经翻了400倍！

第三个工匠看到磨刀匠做出的刀，认为自己还能让它有更大的价值，于是，他用独特的眼光、精湛的技术，将刀变成了最精致的绣花针，到这时候，相比刀匠，产品的价值又翻了数倍。

第四个工匠技艺更加高超，他认为，马掌、刀、绣花针都还不能发挥铁块的价值，于是他把铁绣花针做成了世界名表的发条，变成了价值10万元的产品。

故事还没有结束！

第五个工匠出现了，在他的眼里，10万元还不是这块铁的最终价值，于是他将钟表发条的工序继续改进，成功将绣花针变成了价值100万元的游丝线圈，价格比黄金还贵。

此时，铁块已经从五元涨到100万元，20万倍的差距就这样产生了。

第六个工匠，有着登峰造极的工艺水平，他做出了一件价值比同等重量黄金贵几百倍的产品，那就是牙医使用的用来勾出最细微牙神经的带钩钢丝。

铁的价值，人决定；你的价值，你决定！

人的价值如何体现呢？工作！

日本的稻盛和夫说：“人生如一场修炼，工作是最好的修炼方式。”

他在52岁时创办了第二电信，成为世界500强企业一之。78岁时，在身患胃癌的情况下，仅用一年时间，将已经申请破产保护的日航，利润额提升到2049亿日元，再次成为世界500强公司之一，并重新上市。

列夫·托尔斯泰说过：“幸福存在于生活之中，而生活存在于劳动之中。”

不需要做大的改变，只要合理规划时间，人生就会发生颠覆式的变化，比如早起，打破一成不变的日程安排，做一点小小的调整。

亚里士多德说：“在天亮之前就起床是个好习惯，这将有助于你的健康、财富和智慧。”

不要抱怨生不逢时，起点太低。早上5点，当大多数人还在呼呼大睡时，在刷手机、打游戏、彻夜追剧时，村上春树已经起床，并开始了一天的写作，王建林也开启了一天的工作，李彦宏也被闹钟叫醒。而大多数人，8点才会起床。不要小看这三个小时的差距，早起三个小时的人一个月按30天算就多出90个小时，一年会多出1080个小时，按照一天八小时的有效工作时间计算，一年就会多出了135天！看起来的微小差距，一年下来已经是千倍的差距，而长年累月的积累，就会加长事业的航线，提升事业的高度。

请相信，每天都多努力一点点的人，其实已经走得很远了。

三、人生价值金字塔

马斯洛的需求理论早就告诉我们，生存需求是人类最底层的需求，最高级的需求是发展需求，是实现自我价值!

李开复曾说："当一个人无法温饱的时候，确实很难思虑精神层面的事情。但是不缺温饱的人，应该都有机会做一个品德高尚、有科学的世界观、有社会责任感的人。"

现在的我们都应该思考如何成为有用的人，而工作是创造人生价值的最好途径。

人的价值按照对社会的贡献，分为基础价值、功能价值、文化价值和极致价值，层次越低，附加值越低，越容易被取代；层次越高，不可替代性越强，价值越高!

第一级，Vagua（不明确）。

回忆一下，刚刚大学毕业时，是不是会有这样的困惑：

不知道自己能干什么，不知道自己想干什么，不知道自己适合干什么，不知道社会需要什么类型的人，不知道现在能做什么。

此刻个人的价值是因满足最底层的需要——生存需求而产生的，对于未来没有或者无法有明确的规划。比如一般在公司上班的普通员工，做着基础性的工作，是最容易被替代的，一旦公司出现变故，最先被裁掉的可能就是这些人。

2008年刚刚大学毕业的我，遇到金融危机。学国际贸易专业的我，在武汉待了一个月都没有找到合适的工作。于是，我南下广东，在工厂打工，对于未来充满了迷茫和不确定性，不知道未来要做什么，只知道离开了父母，出门在外，先要养活自己，要解决生存问题。

丢掉大学生的标签，去电子厂当女工，一天12小时的班，一个月轮换一次白夜班，只能靠出卖劳动力获得每个月的基本工资和加班费，回到宿舍已经累趴下了。上班一个小时多少钱，加班费多少，明码标价，清清楚楚。想要有高工资，只有一个出路，生产更多的产品，而且领导安排加班时，就得老老实实地坐在凳子上，开始干活。

幸运的是，我还能有选择，我趁着上夜班后白天休息的空闲时间，学习技能，打起精神去应聘，当我找到工作离开的时候，看到还有很多同事依然在流水线上做着重复单一的动作。当时我就在想，真希望他们有一天也可以做自己真正喜欢，而且价值更大的事情。

第一阶段，就是出卖自己的单位时间，人生处在低价值区。

第二级，Appealing(有吸引力）。

第二阶段，我们开始觉醒，找到人生的方向，知道自己喜欢什么、被什么吸引，愿意为之努力奋斗，哪怕再辛苦也乐此不疲。

还记得电影《当幸福来敲门》当中的主人翁吗？当他被公司解雇、失业、老婆离开自己的时候，他用坚强的毅力支撑自己，迎来了他的梦想，进入梦寐以求的投资公司，成了一个投资界的“专才”。

当初，他满怀欣喜购置了一批医疗仪器，本指望靠销售仪器发家致富。但是在他奔走四方时，没有一个人愿意买他的仪器，在卖仪器的过程中，还因为违规停车，没钱交罚款，而被警察带进了监狱。出来后，只能穿着寒酸地来到证券公司应聘，虽然前三个月没有工资，但是为了生存，为了梦想，他选择接受。提着18公斤的机器穿梭在人群中，带着儿子从破旧的公寓搬到汽车旅馆，甚至住在冰冷的洗手间，最后去了教会收容所。可即使是收容所，名额也不那么容易得到，要每天排队，抢不到还得回洗手间睡觉。

可是即便如此，他依然乐观地对儿子说："我们回到了恐龙时代，我们被恐龙袭击了。啊，我们找到一个洞口。"我印象最深的一个镜头是，有一天他们错过了免费公寓，父子俩躲在地铁的洗手间过夜，用卫生纸堵住耳朵，地面上铺着卫生纸，用身体顶住卫生间的门。

好在功夫不负有心人，最终在他的努力下，幸福来敲门了，他通过了试用期考核，正式被录用。电影中最后的镜头，是父子俩牵着手，在街上露出了开心的笑容。

在公司上班，干比较基础的工作，拿到的是固定收入，如果想要增加收入，要么提升价值，要么增加单位时间的价值！

第三级，Leading（有领导力）。

到了第三阶段，出卖的不再是单位时间，而是能用单位时间创造更高的价值。在工作岗位上，能够妥善处理上下级之间的关系以及人际关系，拥有一批"粉丝"，也有了一定的影响力。

《流金岁月》中的公司得力干将杨柯，就属于这一类人，作为闯荡10年的职场达人，他一路打拼到精言集团销售经理的位置。面对偶遇的朱锁锁，杨柯把如同"白纸"一样的朱锁锁招入麾下。杨柯的魅力在于，从不说谎骗人，说到做到。比如他说大话要给100万元，只要他说了，不管前一天是不是喝多了，第二天一定会给100万元。

在公司里，杨柯对待同事坦诚、热情，有高情商、高智慧，而且能力过人，性格洒脱。所以，当他离开精言集团以后，带走了公司的财务总监、设计师，甚至连研发总监都愿意死心塌地跟着他。

当朱锁锁也离开精言来到他的公司后，杨柯告诉朱锁锁，公司的财务总监潘老师是他的女朋友，而且谈了四年，目的就是跟潘老师双剑合璧，一起学到叶瑾言身上的本事。这已经让朱锁锁大跌眼镜，对杨柯刮目相看了，更让朱锁锁惊讶的是，他对朱锁锁说："我是要开公司的人，自然要提前布局。"

由此可以看出，杨柯在公司上班，用的是创业者的心态，没有想过为公司打一辈子工。即便是离开了公司，他依然能干出一番事业。

在这个阶段的人，已经不靠出卖时间获取价值，靠的是个人影响力，以创造更高的价值！

第四阶段，United（统一）。

这一阶段的人，已经走到了人生的高价值区。说到"统一"，是不是想到了帝王？一代帝王，必是有野心之人，敢于突破，同时还要有坚定的信念。秦始皇如果没有一统天下的野心，没有直面重重困难的勇气，如何创造秦朝的辉煌？

虽然秦始皇树立的是一种强权制度，但是他在位期间达成了多项统一：

政治统一，实现中央集权，由中央颁行全国政令；

文化统一，实行"书同文"政策，废除六国文字，形成"写的是秦字，住的是秦国"的观念；

经济统一，统一货币，统一度量衡，促进自由交易发展；

交通统一，统一车轨，修建驰道和直道，开通湘江和漓江的灵渠，用交通要道贯穿全国，提高生产力水平；

除此之外，还有军事活动以及服装的统一。

乔布斯说："你的时间有限，所以不要为别人而活。不要被教条所限，不要活在别人的观念里。不要让别人的意见左右自己内心的声音。最重要的是，勇敢地去追随自己的心灵和直觉，只有自己的心灵和直觉才知道你自己的真实想法，其他一切都是次要的。”

乔布斯，一个“活着就是为了改变世界”的人，用科技的力量打造了苹果商业帝国，改变了人们对传统电脑和手机的认知，改变了人们的生活方式，改变了人和世界的链接方式，推动了科技发展。他的创新精神和富有想象力的头脑、独特的思维方式，依然在鼓舞着新一代的追梦人。

第五阶段，Extremely（极致）。

极致价值是最高层次，代表占领了人们的心智，得到的是卓越、尊崇，被赋予成功者的形象。

哪些人创造了极致价值呢？圣人！

在中国历史上，“圣人”可谓“完人”，梁启超认为中国历史上只有三个半圣人，分别是孔子、诸葛亮、王阳明、曾国藩，其中，曾国藩是半个圣人。

孔子，创立儒学，列为“世界十大文化名人”之首，弟子三千，其中贤人七十二，与弟子周游列国十余年。孔子去世后，其弟子及再传弟子们把孔子说的话记录下来，整理为《论语》，流传百世。孔子的儒家思想对我国及世界都有深远的影响。

诸葛亮，不仅是思想家、政治家、军事家，还是散文家、书法家、发明家，发明了木牛流马、孔明灯，改造连弩，实现“一弩十矢齐发”，被司马懿称赞为“天下奇才”。唐朝时，诸葛亮被选为武庙十哲之一，与张良、韩信、白起等九位历史上的军事家享同等地位。

王阳明，从小就立志要成为“圣贤”，认为天下最要紧的是读书，成为圣贤之人。王阳明的“完人”体现在文武双全上，他能平乱，能剿匪，还是心学之集大成者，是明代影响最大的哲学思想家。他的学术思想传到日本、朝鲜半岛、东南亚，学生数量庞大，深受后人喜爱。

曾国藩，晚清四大名臣之一，也可以说是中国近代化建设的开拓者之一。他一生主张勤俭廉劳，修身律己。他对清王朝的政治、军事、文化、经济等都产生了深远的影响，他领导建造了中国第一艘轮船，建立了第一所兵工学堂，领导印刷、翻译了第一批西方书籍，安排了第一批赴美留学生。

曾国藩认为人格修炼对他的一生有很大的帮助。

第一是诚，为人表里一致，一切都可以公之于世。

第二是敬，心存敬畏，内心不存邪念，持身端庄严肃有威仪。

第三是静，心、气、神、体都要处于安宁放松的状态。

第四是谨，不说大话、假话、空话，实实在在，有一是一，有二是二。

第五是恒，生活有规律，饮食有节，起居有常。我认为他的最高境界是“慎独”，举头三尺有神明。

到了第五层的极致价值，人生变成一种修炼，超脱自我，达成知行完全统一的状态。

图 6–1 人生价值金字塔

不管你现在在哪个阶段，就像俞敏洪所说的，人生不是百米赛跑，更像是一场马拉松，只要一直在跑，终究会跑到终点，甚至会超过终点。别人一次能干成的事，我用两次、三次、五次……别人一年能干成的事，我用两年、三年、五年……只要心中有梦想，就一定能成功。生命的意义在于，在有限的时间里可以做出更多有价值的事情，只要初心依旧、热情依旧，就永不放弃，直到能成功为止，就能在绝望中看到希望，人生终将辉煌。

四、你认了，就成真了

天下无难事，只怕认真二字！

什么是认真？你认了，就成真了。

认的是什么？就是自己，正确认识自我，自我监督、自我完善、自我教育、自我修养，达到至诚、至善、至美的天人合一的境界。

1.认识自我，找准定位

我是谁？如何认识自己？我认识的自己准确吗？到底什么决定了我对自己的认识？

作家刘易斯说："在整个宇宙中有一件事，而且只有一件，我们对之的了解比我们能从外部观察学到的要多……这就是'我们自己'。"人这一生，其实都是在发现自己、找到自己、成为自己，是不断认识自己的过程。我们和"自我"的关系，决定了我们和世界的连接方式。

人对自我的认识，有积极的自我概念和消极的自我概念两种，自我概念，就是人对自己行为的认识，比如半杯水放在眼前，看到的是“只有半杯水”（消极的自我概念），还是“哇，居然还有半杯水呢”（积极的自我概念）。

当人对自我是消极认知的时候，会感受到焦虑、孤独、无助，感觉生活很糟糕，缺乏安全感。

相反，在一个积极的自我认知之下，会建立高自尊水平，遇到问题后，第一想到的是如何解决问题，如何用更大的努力做得更好。

斯坦福大学的心理学家艾伯特·班杜拉在研究中发现了积极思维的力量，提出了自我效能理论，也就是我们能感到有能力完成某项任务。自我效能更高的人，会更加有韧性，生活会更加健康。

自我效能不等于自尊。自我效能，是相信自己有能力做好一件事。自尊，是发自内心地喜欢自己。

很多家长在培养孩子的时候，会对孩子说：“你真棒！”经常这样夸孩子，会帮助孩子建立自尊。如果想要拔高孩子的自我效能，要说：“我就知道你能行。”这样会刺激孩子下一次做得更好，在下一次付出更大的努力。自尊会让孩子成为蒸汽机，要借助外力启动；自我效能让孩子成为发动机，拥有动力源。

人生的动力源在于目标的确定，也就是定位。

说到定位，不得不说一个著名的实验——皮格马利翁效应。

塞浦路斯有个国王，擅长雕刻，叫皮格马利翁，他希望找到一个美丽不凡的女子结婚，但是找了许多年，从国内找到国外也找不到。

于是，他决定用自己的技艺雕刻一尊自己理想中妻子的雕像，他夜以继日地工作，在雕像中投入全身心的爱，等雕刻完成后，他开始像对待真正的妻子一样爱她，装扮她，还为她起了个名字，叫加拉泰亚，并向神乞求让她成为自己的妻子。终于，爱神阿芙洛狄忒被他打动，赐予雕像生命，并让他们结为夫妻。

1960年，哈佛大学的罗森塔尔博士受到皮格马利翁故事的启发，设计了一个实验。他来到一个学校，从校方手中得到了一份全体学生的名单。在经过抽样后，他向学校提供了一些学生名单，并告诉校方和老师，通过一项测试发现，名单上的这些学生有很高的天赋，只不过尚未在学习中表现出来。

校长找到这些学生的两位老师，对他们说："根据过去三四年来的教学表现，你们是本校最好的教师，为了奖励你们，今年学校特地挑选了一些最聪明的学生给你们教。记住，这些学生的智商比同龄的孩子都要高。"虽然校长再三叮嘱：要像平常一样教他们，但是两位老师听了还是很高兴，更加努力地教学。

但实际上，这些学生只是从学生的名单中随意抽取出来的几个人。有趣的是，在年末的测试中，这些"最好的教师""最好的学生"取得的学习成绩的确比其他学生高出很多，甚至比其他班学生的平均分值要高出好几倍。

所以，人生最可怕的事情不是没有能力实现梦想，而是压根不知道自己的能力是什么，又如何激发自己的潜能。如果想要完成目标，就需要相信自己能行，才能激发自我效能，而当真正开始行动时，也就是揭开真相、启动梦想大门之时，这时才会发现，原来自己可以如此优秀。

要坚守初心，充满期待，目标坚定，坚持对事业、对幸福的追求。相信什么，就会得到什么，相信好的事情会发生就会遇到好事，想要的终究会得到，终将看到幸福的曙光。

相信自己，认识自我，重塑信心，诚心诚意对待每件事，一丝不苟，专心致志，事事求精，把简单的事情做得不简单，努力提升自我，让才华配得上努力，拥有更加有价值的人生。

2.认识他人，勇敢破局

自己是什么样，眼中的世界就会是什么样。从自身的角度去创新，人类所有的发明、初衷都是为了解决已发现的问题，比如，爱迪生发明的灯泡，莱特兄弟发明的飞机。后来，发明家们“推己及人”，解决已经发现的别人的问题，21世纪影响人类生活的五大发明是“修复手套”、仿生心脏、神经转化、耳朵看世界、人造肌肉，这些发明对人类日常生活产生了重大影响。

华为董事、战略研究院院长徐文伟在2019年全球分析大会上提出，华为的创新战略是：从基于客户需求的技术和工程创新的1.0时代，迈向基于愿景驱动的理论突破和基础技术发明的创新2.0时代。这明确指出，华为创新的秘密在于持续30年，坚持创新，坚持以客户需求为中心，不断给客户提供价值，真正做到以人为本。华为创始人任正非先生说：“要防止盲目创新，四面八方都喊响创新，就是我们的葬歌。”华为的创新，要为价值而创新，不是为了创新而创新。

那么，如何才能以客户为中心，持续创新呢？产品如何在激烈的市场竞争中脱颖而出呢？怎样的产品，才能击穿客户的心智，让客户毫不犹豫地下单呢？

创新有技术、知识、组织结构、营销方式、管理、文化方式的创新，不管是对于企业还是个人来说，创新是一个永恒的话题，也是一项不可或缺的软实力，是实现从优秀到卓越转变的重要秘钥。

创新的关键是思维模式的创新，持续保持先进的学习方式，不断自我否定，超越自我。人最大的敌人是自己，战胜自己自然会取得胜利。

作为企业的领导者，在市场空间中，放弃红海厮杀（在现有市场空间中竞争），学会蓝海战略（开创少有人争抢的市场空间），要打破竞争局面，赢得市场空间，创造新的工作亮点。

福建省一家银行的领导上任的第一件事是建立企业品牌文化，从里到外打造“暖心银行”。刚开始，很多员工不理解，为什么要建立企业品牌文化呢?

对于这样的疑问，领导解释说，在他上任以后，对当地的经济做了一番考查，他发现，就算把所有的精力都放在储蓄存款上，业绩排名也很难冲上去。因为他们有一个非常薄弱的环节要解决，那就是客户维护。所以，要把重点放在企业品牌建设上，让他们银行的服务成为当地的一面旗帜。

经过一系列的培训之后，这家银行从服务意识到客户维护流程、领导的个人品牌形象，都深入客户内心，在这位领导上任第一年，存款业绩突破了历史新高。

当其他银行还在拼产品、拼利率的时候，这家银行用“企业品牌+个人品牌”的创新型战略取得了业绩突破。

所以，作为企业的领导者，必须要找到自己的工作亮点，放弃红海厮杀，创造蓝海战略。

按照常规的逻辑来看，储蓄不好，就要集中火力抓存款；贷款不行，就要全力冲刺做贷款。可是，这种“头疼医头，脚疼医脚”、简单粗暴的管理真的好吗?

当然不是。

《深度思考》告诉我们，抓住问题的本质是解决问题的第一要义，否则所有努力都将会变成炮灰。《教父》中有一句经典台词：“花一秒钟就看透事物本质的人，和花一辈子也看不清事物本质的人，注定有截然不同的命运。”

用创新力制定蓝海战略，需要考虑四个方面。

第一，收集信息。要掌握详细的信息，比如前期的调研，找出在所有成功因素当中已经不适用的因素。

领导获取信息的渠道多种多样，但是怎样才能保证信息的准确性和完整性呢？

收集企业内部信息，包括普通员工、中高层管理者以及企业中与该项目相关的所有人员，他们往往能提供大量的直接的宝贵信息；

收集同行业或竞争对手的信息，通过实地调研等方式，收集同行业从业人员以及消费者的信息；

收集官方信息，比如地方政府或者政府服务机构发布的信息，在官网或新媒体等渠道收集；

收集历史信息，在书店、图书馆、档案馆获得有关的信息资料，比如一些行业的法规、政策、专业知识等。

第二，分析趋势，尤其是行业内的趋势。

管理者顺应时代发展的趋势，才能把握未来，带领企业进入一个正确的赛道。不是选择大于努力，而是选择和努力一样重要。

要想有把握趋势的能力，必须要有终身学习的思维模式。

不要从现有的立场和经验出发，这样容易被强大的信息量限制住，反而会停滞不前。拉长学习的赛道，用长期主义思维，找到属于自己的未来赛道，做出正确的决定。

第三，逻辑清晰。有清晰的逻辑能力，可以提升管理水平。

成人的逻辑思维能力也是可以训练的，阅读、写作、培养独立的思考习惯，都有助于提升逻辑思维能力。

在《零秒思考》一书中，介绍了一种非常简单的提升逻辑思维能力的方法，通过训练，可以做到零秒思考。

拿出A4纸，每张纸写一个主题，每页写4~6行，每行20~30个字，一张纸控制在一分钟以内，每天写10页，每天坚持10分钟。

训练要点是：

不管写什么，不要思考，不管想到什么，先写下来；

严格坚持每页一分钟；

切忌用笔记本、日记本来代替A4纸；

任何地方都能写；

可以把写好的内容作为正文，继续完成深入写作；

锻炼发散思维，一个标题可以从不同的角度写出来，拓宽思维；

一旦产生新想法，马上补充；

完成写作后，用文件夹统一整理，分门别类。

如此快速输出的好处是，能够在做的过程中让头脑快速思考，整理思绪，追随内心最真实的感受，写下想写的，想所能想到的，让身体、真心和灵魂达成统一，提升能力。

第四，破局思维。打破思维定式，跳出禁锢思维的墙。

思路决定出路。普通的思维，只能过普通的人生。

一位北大的学生透露，他上了北大才发现，原来自己以为的人生巅峰不过是别人的人生起点。当他在大学里忙着参加社团、准备考研的时候，他的同学已经在准备外出实践、海外留学了；他快毕业的时候才发现，北大的学生大多是不需要考研的，都直接保送研究生了；而且，学校的社团活动对自己找工作来说帮助不大，因为用人单位更看重的是学生处理专业问题的能力。这就是思维方式的差距。

如何锻炼自己的破局思维能力呢？答案是综合前三项，即将收集信息、把握趋势、逻辑清晰综合在一起。收集足够多的信息，便拥有了把握趋势的能力，冷静地进行逻辑思考，跳出固定思维的陷阱，找到破解之法。

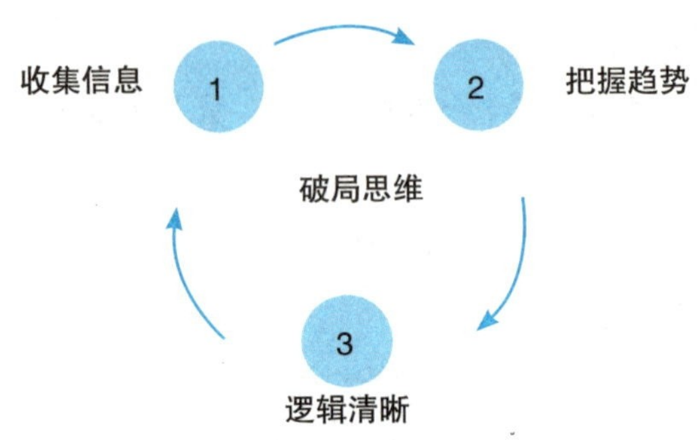

图 6-2 破局思维能力的要素

小 结

创新的能力是人的天性使然，有的人拥有独特的创新能力，是由于启动了自我模式，以“诚”为先，不断提高自我效能，加之思维模式的改变，拥有敢为人生的勇气，打破固定思维模式，让创新力发挥得淋漓尽致。

思 考

美国心理学家洛克奇在1973年《人类价值观的本质》中，提出13种价值观，请你从中挑选出三种对你来说最重要的价值观。如果其中没有你内心认可的价值观，请思考，在你心中最重要的价值是什么？

成就感：提升社会地位，得到社会认同；希望工作能受到他人认可，对完成工作和挑战成功感到满足。

美感的追求：能有机会多方面地欣赏周围的人、事、物，或任何自己觉得重要且有意义的事物。

挑战：有机会运用聪明才智来解决困难，舍弃传统的方法而选择创新的方法来处理事务。

健康：在身体和心理上拥有健康，不焦虑，不紧张，不恐惧，能够心平气和地处理事务。

收入与财富：能够明显、有效地改变自己的财政状况，希望能够得到自己用金钱所能买到的东西。

独立性：工作有弹性，能充分掌握自己的时间和行动，自由度高。

爱、家庭、人际关系：关心他人，与别人分享，协助别人解决问题，体贴关爱别人，对周围的人慷慨。

道德感：与组织的目标、价值观和工作使命不冲突，紧密结合。

欢乐舒适：享受生命，结交朋友，能与别人一起享受美好时光。

权力：能够影响他人，能让他人按照自己的意志去行动。

安全感：做事有安全感，远离突如其来的变动。

自我成长：寻求更圆满的人生，在智慧、知识与人生的体会上有所提升。

协助他人：自己的付出对团队是有帮助的，别人因为你的行动而受惠。

第七章　知行力成就个人品牌

一、知行力的诞生

“知行力”是我最喜欢的个人品牌核心力，也是打造个人品牌的重中之重。

先回顾一下前面说过的打造个人品牌的核心能力。

定力。内心飘摇不定的人，不容易成立个人品牌，成立个人品牌是场持久战，拥有坚如磐石之心，才能拥有打造个人品牌的力量。

实力。实力是个人品牌的地基，地基有多坚固，决定了个人品牌的高楼能建多高。

魅力。有定力，有实力。如果没有个人魅力，会是一件很可惜的事情。个人魅力是个人品牌的催化剂，尽情释放自己的魅力吧。

销售力。企业打造品牌是为了业绩提升，个人品牌的落脚点也是在销售上，用个人品牌创造价值，为人生赋能。

创新力。创新力是企业和个人赖以生存和发展的核心能力。创新，意味着快，抢占先机，拥有优先权。

本章所讲的知行力来自“知行合一”“致良知”，出自王阳明先生。纵观王阳明的一生，是高开低落、低谷反弹、求真悟道、立志为圣贤的传奇一生。他的心学，是照亮古今迷茫者的明亮灯火。

梁启超、陶行知、郭沫若、稻盛和夫等人，都是王阳明的粉丝，对他极其敬佩。陶行知，原名是陶文濬，因为特别欣赏王阳明的“知行合一”

理念，认为“行是知之始，知是行之成”，改名为陶行知。日本的“经营之神”稻盛和夫也将王阳明视为偶像，在他的经营理念中也透露着“致良知”的思想。

王阳明的传奇一生从未出生时就开始了，据说他的母亲怀孕后直到其祖母梦见有人从云中送子，王阳明才降生。在他降生之时，七彩祥云环绕，祖父很高兴，给他取名王云。

被全家人寄予厚望的王云一天天长大，但是直到5岁还不会讲话，除了祖父，全家都很着急。偶然一次，祖父听到一位高僧抚摸着王云的头说：“好个孩儿，可惜道破。”祖父恍然大悟，为他改名守仁，出自论语的“知及之，仁不能守之；虽得之，必失之”。

10岁时，父亲王华高中状元，阳明随着父亲到京城，路过金山寺时，他连做两首诗，语出惊人。王华请了很多老师教王阳明读书，准备科举考试，可是王阳明经常偷跑出去，还喜欢问一些稀奇古怪的问题。

12岁时，王阳明问老师：“世上什么是第一等重要的事？”老师脱口而出：“自然是像你父亲一样，读书高中了。”王阳明却不以为然，回答：“我看高中状元，未必是第一等事，最重要的，是要读书成圣贤。”

15岁时，王阳明离家出走，一个月以后，他带着侠客的身份回来了。原来，为了实现自己的梦想，他去了边关一览山川，还学习骑马射箭。回来以后，他告诉父亲：“我已经写好了给皇上的谏书，只要给我几万人马，我愿意为国出战。”王华不以为然，决定给王阳明娶妻，让他把心定下来。

17岁时，遵循父母之命，媒妁之言，王阳明娶亲。可是，娶亲当天，王阳明去了道观，跟一位道士从白天聊到黑夜，到了晚上才想起来今天是结婚的日子。等回到家，新婚夫人自然不高兴，赶他去书房。他在书房练字，一年半以后，竟自成一体。

18岁时，王阳明离开祖籍江西，在途中，遇到了当时盛行的程朱学派的理学家，在交谈中，他问："怎样才能成为圣贤呢？"理学家回答："格物致知。"王阳明以为自己终于找到答案了。朱熹的"格物致知"说，如果要理解一个事物，就得跟事物面对面，长年累月，这样对事物的理解会越来越多，才能明白事物的本质，最终达到无所不知的境界。

于是，王阳明对着家中的竹子"格物"，每天对着竹子发呆，一动不动，参悟圣人之道。不曾想，王阳明在竹子面前守了七天七夜，没有得"道"，反而两眼一黑，病倒了，还落下了咳嗽的毛病。

王阳明的求圣之道遇到了打击，甚至开始怀疑，明明按照圣人说的去做的，为什么还是没有成为圣贤呢？陷入怀疑的漩涡，对自我圣贤之道的怀疑，对当时朱子理学的怀疑，让他陷入迷茫，不知道未来的路应该如何走。

21岁时，王阳明参加乡试，中了举人，可是，接连两次会试都落榜，又一次激发起他的圣贤之心。

28岁的王阳明，终于考中了进士，进了工部，与李梦阳一起研究文学。

29岁时，王阳明被调到了刑部，为了心中的圣贤梦想，他四处登山逛庙找和尚道士聊天，听到有位禅师说："想念自己的母亲，没有什么好羞愧的，这是人的本性。"从那一刻开始，王阳明开始觉察，朱熹的"存天理，灭人欲"可能是错的。天理和人心是一体的，人有各种欲望，是情理之中的事情。

明朝宦官当道，贤臣不被重用，34岁时，王阳明上书谏言，结果遭到脱衣杖刑五十，接着被捕入狱，贬官至贵州龙场。

36岁，王阳明带着随从历经艰险，抵达龙场。住在山洞时，三个随从病倒了，他一个人照顾三个人。他还给自己做了个石棺，用"死人"的身份体验生活。但他不忘初心，经常仰望星空，思考生命的意义，探寻圣贤之道。有一天，他躺在石棺中思考，如果是圣人处在自己的位置，会怎样想呢？瞬间顿悟：人心即是天理。天边的明月照亮了迷茫的心，他悟道了，“心即理”学说就这样诞生，成为阳明心学的开端。

从此以后，王阳明茅塞顿开，随着心态改变，他把自己当成了龙场的一员，积极学习当地的方言，跟当地人交流、讲学，教他们盖房子。当地人感谢王阳明，便为他建了一个小木屋，王阳明取名为“何陋轩”，意为：“君子居之，何陋之有？”不过，当地人更喜欢称之为“龙冈书院”。

38岁时，王阳明继续宣传他的学术思想，在不断的讲学中，他的弟子越来越多，思想传播也越来越广，传到贵州后，贵州提学副史邀请王阳明去贵阳书院，王阳明在此提出了影响后世的“知行合一”思想。

在王阳明之前，古人把知行一分为二，认为要先知后行，朱熹认为，人必须首先要认清万物之理，然后才能实践，否则实践就没有依据。而王阳明认为，知和行是齐头并进的，知是行之始，行是知之成。

随后，王阳明重新受到朝廷重用，平定多方叛乱。在平定宁王朱宸濠的叛乱中，更是用攻心策略，用40天实现了以少胜多的战绩。王阳明在平叛和剿匪中，提出了“致良知”一说。

1527年，此时王阳明已经55岁，两广地区少数民族发生叛乱，王阳明临危受命，被朝廷派去平定这场叛乱。没想到的是，两广地区的叛军首领一听说是王阳明来了，还没开始打，就自动投降。次年，王阳明平定叛乱后，在归乡途中病逝。

王阳明传奇的、跌宕起伏的一生就此画上了句号。

回看王阳明的的一生，正如其名，守护仁义，给世人带来光明的一生。哪怕历经磨难，他依旧坚强，秉持正心正念，不管是首次顿悟“心即理”，还是后来的“知行合一”，又或者晚年的“致良知”，都是围绕人心而立说。

在王阳明看来，“人人胸中各有个圣人，只自信不及，都自埋倒了”。每个人都能成为圣人，不过有些人的心被蒙蔽了，被掩埋掉了。所以，要成为圣贤，必须要致良知，寻求心中的理，宇宙的道，要自信，相信自己能做到，相信我命由我不由天。

心理学家罗尔·德韦克说：“具有成长型思维模式的人相信，人的真正潜能是未知的（也是不可知的）；长期的激情、辛劳和训练所能造就的才艺也是无法预知的。”

王阳明的前半生可谓是经历了磨难，可是为什么能坚持下来？被打五十大板，换作常人，可能一命呜呼了，可是王阳明一个文弱书生居然死里逃生，到底是什么在支撑着他？难道真是因为背负天命？

我想，王阳明能忍常人所不能忍，能受常人所不能受之磨难，是源自内心的自信。他从小立志成为圣贤，一路追求圣贤之道，心中有信念，眼里有希望，他的使命还没有完成，他要求的“道”还没有悟透，所以自己必须坚持。

普通人和圣人的区别，不是圣人有“道”，而是因为圣人“得道”，普通人只是“知道”，道就是“良知”。所以，遇到事情，要经常“致良知”，擦亮心中之镜，人人皆是圣人。

二、知是行之始

王阳明一生都在验证：心态决定行为。平和温暖之心能让人拥有快乐的生活，躁动骚动的心会让人陷入迷茫的深渊中。

王阳明在竹林“格物”，七天七夜以后，头晕眼花，得了咳疾。生病之后，有一天外出，遇见了一位老者，他跟着老者来到田间。

老者：“你看，这片稻田有几块？”

王阳明：“这片稻田有九格。”

老者：“为何是九？”

王阳明：“稻田被田埂分成了九块。”

老者：“如果没有田埂呢？”

王阳明：“那就是一块稻田。”

老者：“九块和一块有什么不同？”

王阳明：“无不同，不过是有无田埂。”

老者随后说：“现在你知道格物了吗？九宫格是格，田字格也是格，因为格子不同，所以稻田块数不同，格物的道理就在于此。”

历经19年的磨炼，王阳明悟出，圣人之道，一定要通过自己的亲身体会才能慢慢领悟。在教弟子的过程中也是，希望弟子在生活实践中悟道。

有这样一个故事。

孔子想喝粥，于是让弟子帮忙熬粥。粥熬好之后，弟子送到孔子的房间。在这个过程中，孔子从门缝中看见弟子在途中偷喝了一勺，这让他相当不悦，因此当弟子把粥送到房中之后，孔子表现得不太高兴。弟子看到老师不高兴，便很认真地告诉老师，刚才有一只苍蝇飞进了粥里，所以他用勺子把被污染的粥舀起来，把苍蝇弹了出去，但是不忍心浪费这勺粥，才喝了下去。孔子有感而发：自己亲眼看到的都未必是事实，更何况自己没有看到的呢？

《大学》开篇就说："大学之道，在明明德。"应发扬光明正大的品德，但是，因为感知和判断之间有认知偏差，所以人们会陷入心智陷阱中，用自己习惯的方式判断事物。

每个人都有自己独特的心智模式，心智模式决定了我们如何看待自己、看待周围的人，以及看待世界的方式。

看看下面这张图（图7-1）。

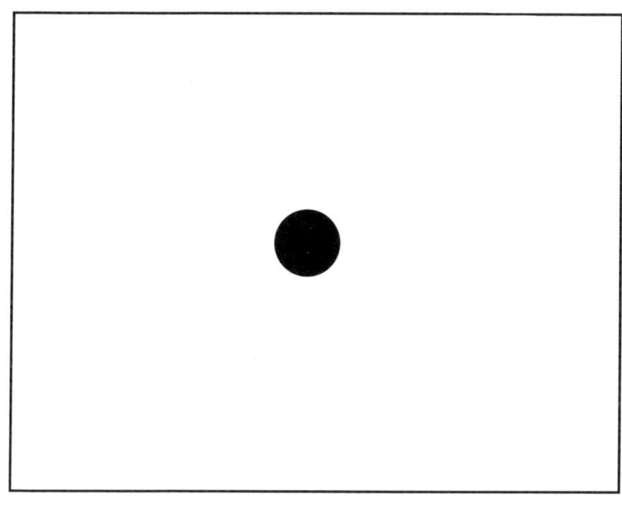

图 7-1 心智陷阱

如果只是看到了黑点，就请再仔细观察。

黑点周围还有一大片空白。

图中的黑点就是生活当中的心智陷阱，只有跳出思维黑点，才能看到心智之外的更大的世界。打开窗，阳光才能照射进来；往前走，才能探寻更宽的路。

消极负面的心智模式，看到的世界，是阴暗的、潮湿的、乌云密布的，每天都在心里抱怨：今天很倒霉，遇见很多不顺心的事情：同事不帮自己的忙；领导给自己穿小鞋；即使喝水也会呛到。觉得周围都是小人，自己是不折不扣的受害者。

1949年，美国的一名工程师爱德华·墨菲，提出了墨菲定律，认为：凡事只要有可能出错，就一定会出错。由此，衍生了四条结论。

第一，任何事情都没有看起来那么简单。实现是困难的，人生不会永远站在高点，因此，当遇到困难的时候，需要理性对待。苦难是人生的常态，怨天尤人，唉声叹气，羡慕别人，只会给自己徒增悲伤。成功需要累积，他人今日的成就是昨天的累积。今天的不如意也许让你遍体鳞伤，但是，受过的伤结痂后，就会变成坚硬的盔甲。尼采说："杀不死我的，终将使我更强大。"每一种伤痕，都是成熟的印记。

未来很长，当高光还未到来的时候，需要沉淀自我，坚持向前，梦想才能够照亮现实，现实才能触达梦想。面对现实才能超越现实，心怀梦想才能超越梦想。梦想之所以是梦想，就是因为比想象更漫长。

第二，选择要走的路，都会比预计的时间长。比如，我决定写书这件事。开始之前，我了解到，一本书的字数大概在10万~12万字，我翻了翻过去一年分享的文字，加起来有十五六万字，形成一本书应该绰绰有余。可是在真正开始写之后，才发现没有那么简单。找出版社就花费了很久的时间；开始写书后，一边跟孩子们斗智斗勇，一边大脑在飞速运转，思考着今天要怎么写呢？在认识一件事的时候，要理性看待自己的资源、能力、优势、劣势，才能渐渐靠近梦想。放弃很容易，只要说一声“不干了”就可以，可是对于创业者来说，放弃很容易，但坚持更有意义。

人生只有一次，怎能轻言放弃？澳大利亚的演讲家尼克·胡哲，天生没有四肢，他的每一步走得都要比常人更艰难，可是他用演讲开启了新的人生。真正改变命运的不是能力、人脉，而是心态。

第三，会出错的事，总会出错。“凡事预则立，不预则废。”如果要避免工作当中的错误，就得做到提前规划，依照事情的轻重缓急，分开处理，重要紧急的事情优先处理，再逐步完善不重要的事情。用200分要求自己，才有可能做到100分。一件事不可能一次就做到完美，每一次犯错都是为了下一次不犯错。人生最宝贵的经历就是犯错，要善于总结不足，从失败中挖宝藏。唐纳德·基奥曾任可口可乐公司首席运营官和董事，他写了一本奇书，叫《管理十诫》，当中记录了很多管理者犯下的错误，通过其中的11条反思，很多公司的业绩起死回生，甚至一飞冲天。

第四，如果担心某种情况发生，那么它就更有可能发生。回忆一下，在街上看见不想打招呼的同事时，是不是越在心里默念“看不见我，看不见我”时，反而一下被看见了；当怀着惴惴不安的心，拿着文件让领导签字时，越是祈祷“千万不要出问题”，下一秒指责就接踵而来……

为什么越是担心的事情，越会发生？发现问题是解决问题的第一步，明明有问题却发现不了问题，才是最可怕的。面对心中的恐惧，心理学上有一种认知行为疗法的暴露治疗，也就是，完全暴露在恐惧的场所当中，体验恐惧带来的感受。

有个年轻记者琼斯，有一天接到一个任务，上司让他去约访大法官，记者吓坏了：“不行，不行，法官根本不认识我。”紧接着，列出了一大堆不能去采访的理由，比如，自己是无名小卒，法官是大名人，大法官是不会见无名小卒的。上司见状，拿起电话拨通："你好，我是明星报的记者琼斯，我奉命采访布兰德斯法官，不知道他今天能否接见我几分钟？"琼斯惊呆了，大法官怎么可能答应？这时，电话那头传来了声音："1:15，请准时。"记者没有想到，自己如此担心害怕的事情，对方竟然很爽快地答应了。琼斯感叹：即使目标再容易，一直陷在自我怀疑中，也只会被困在原地；即使路途再遥远，只要着手去做，日拱一卒，也会慢慢靠近。

所以，只要有了敢于应对的决心，就没有完不成的事情。

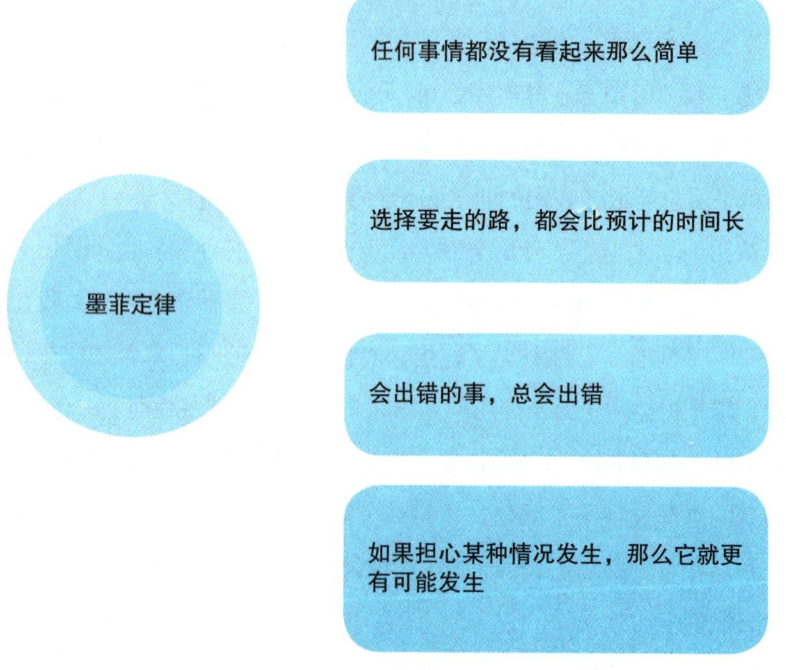

图 7–2　墨菲定律

积极正面的心智模式，看到的世界是阳光的、灿烂的、晴空万里的，看待周围的人是充满善意的：今天好幸运，遇到很多好心人；同事乐于助人；领导耐心指导；喝的水也感觉甜甜的。真是太幸福了。

老子主张清静无为，“无为而无不为”，是积极出世的心态；孔子教后人如何在追求功名利禄的过程中，实现自己的人生价值，是积极入世的心态。

对于我们而言，则是“进可攻，退可守”：事业成功了，就要“修身、齐家、治国、平天下”，拥有鲜花和掌声，人也随之变得快乐幸福；一旦事业不成功，则信奉“无为而无不为”，清净、淡泊、自然才是真。

中国著名现代美学家朱光潜先生说：“人要以出世的态度做人，以入世的态度做事，也就是以出世的精神做入世的事业。”每个人都应该学会运用老子的出世哲学和孔子的入世哲学，对外在的世界以入世的心态积极应对，对内在的自己以出世的心态打理心情。

事业要做大、做好，人要做小、做真；做事要高调，做人要低调；达则兼济天下，穷则独善其身。

如何积极入世呢？人生的意义在于创造价值，要拥有正确的人生价值观，在价值观的指导下，成为更好的自己。人在世界上会遇到多种多样的事情，总的来说，就是三件事：我的事，你的事，老天的事。

我的事：自己能控制的事。早上起床、洗脸刷牙、锻炼身体、吃早饭、上班、看书、学习、追剧……是选择积极努力工作、创造更大的人生价值，还是选择消极怠工，全在自己。

你的事：在自己控制之外的事。比如，一个曾经工作不如你的人，居然涨薪了；参加朋友聚会，发现当初平平无奇的人成了董事长；打开电视，发现一个无名小卒居然中了头等奖，等等。

老天的事：你和我都无法控制的事。打雷、下雨、狂风，等等。

人的大脑具有潜意识，在工作和生活中，如果向自己提出消极的问题，就会得到消极的答案；如果向自己提出积极的问题，就会得到积极的答案。《秘密》一书中提到："思想是具有磁性的，并且有着某种频率。当你思考时，那些思想就发送到宇宙中，然后吸引所有同频率的同类事物。所有发出的思想，都会回到源头——你的身上。"

所以，"我"是一切，是根源。多注重自己，少注重他人。"闲事莫论人非，静时常思己过。"自己的人生自己把握，想要过怎样的人生，就要努力去追求，一旦选定了目标，就要坚持，所谓"一想、二干、三成功"。

当看一个人是坏人的时候，也许确实是遇到了坏人；当遇到的所有人都是坏人的时候，可能是心变坏了。人生是一场修行，会遇见很多人，经历很多事，得到很多的磨炼，会不断蜕变、成长。《道德经》说："知人者智，自知者明。胜人者有力，自胜者强。"自强者胜，自胜者强，只有自己变得强大，自我成长，向外延展，向内自省，激活生命的潜力，才能成长为更好的自己。

在忙碌的都市生活中，如果能给内心留下一份悠闲，远离烦恼和担忧，生活岂不是多了几分乐趣。要有一份静看庭前花开花落，坐看天上云卷云舒的淡然，看到世间万事万物在动，其实都是心动。

如果能够静下来，沉下心，放慢前进的脚步，遥看星空，置身大自然，重新整理思绪，把工作当作一种享受、一种修行，而不是谋生赚钱的工具，才能体会生活的乐趣，感受人生真正的价值。

王阳明认为人的一生有四件大事："立志，勤学，改过，责善。"

立志为头等大事。王阳明告诉弟子们，要成为圣贤，要做学问，首先得立志。志不立，天下无可成之事，人一生就如同没有方向的船，如同脱缰的野马。志向有多高，人生路就能走多远。人生短短数十载，有所爱，有所为，有所期待，是选择轻轻地来，轻轻地走，不带走一片云彩，还是愿意在奋斗中洒下汗水和眼泪，享受快乐和自由？选择决定了一生，志向决定了人生价值。

立志之后就是行动。花时间、花精力去学习。何为“勤学”；书山有路勤为径，学海无涯苦作舟；如何在变化的世界中，游刃有余地应对呢？去聚焦式学习吧。每天固定时间学习，也许是一篇2000字的文章，也许是一本书，又或者是一则小小的日志……日积月累，保持成长型心态，把更多的注意力放在自我成长上，学习是对自己的投资，是为了自己，而不是为了他人。

如果不是“生而知之”，就要“学而知之”。切忌“困而不学”，在行动中犯了错误也没关系，要勇于改错，不把出现的问题、情绪归咎在别人身上。反求诸己，苟日新，日日新。曾国藩每天都有写日志的习惯，反省一天的言行，还会把自己日志给朋友们看，请朋友点评，力求每一天都是新的自己。他凡事从自己身上找原因，日日自省，终成一代大儒。经常自省的人才能在正确的道路上越走越远。

“责善”，对待遇见的人，秉持善行、善心、善意。善待他人，惠泽自身，人生的路是高低起伏的，身处顺境时，善待他人，让爱得以延续，温暖流入心田，人生之路才能走得更远，乐于分享幸福和喜悦，才能得到更大的幸福；身处逆境时，既要善待他人，也要学会善待自己。改变心境，不要在过去中挣扎、纠结，更要谨记人生的志向，努力学习，在学习中自省，时刻准备迎接全新的自己。

由此可见，王阳明的“知行合一”，知是立志、致良知，行是人的实践，两者并重，无所谓先后。保持良知，在行动中找答案，求真理，才能成为圣贤。

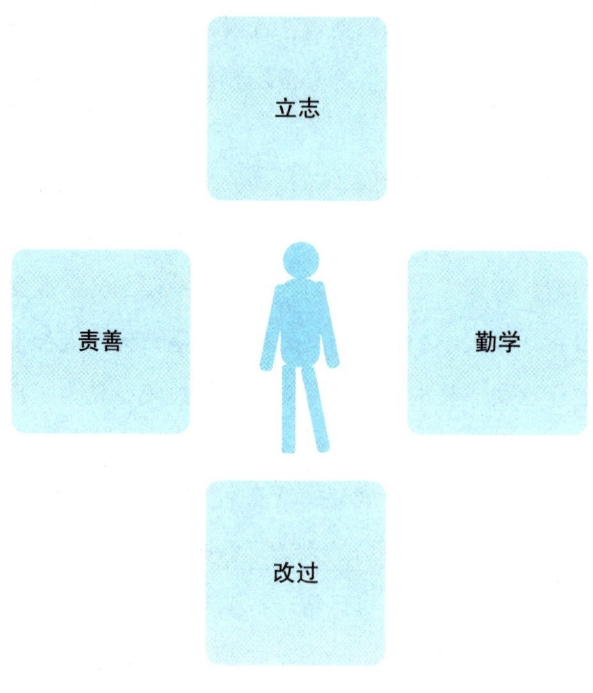

图 7–3　一生的四件大事

三、行是知之成

伏尔泰说："人生来就是为了行动，就像火光总是向上腾。"

有个人掉到了海里，他不停地向上帝祷告，希望上帝能够救他，这时候来了一艘船，船上的人准备要救他，可是他说："不用了，上帝会救我。"

他继续祷告："上帝，救救我吧。"过了一会儿，又来了一艘船，他依然拒绝上船："不用了，上帝会救我。"他一直等着上帝来救他，一直到水没过了他的脖子。

他死后来到天堂，问上帝："我已经向您祈祷这么多次了，为什么您都不来救我？"上帝生气地说："我给你派了两艘船，你一艘都没上。"

天天想着有神仙驾着七彩祥云救自己于水火之中，而不愿意付出行动的人，永远不可能成功。

1.开始行动才有未来

人为什么会行动？行动的来源是什么？行动的意义是什么？行动是为了生存、发展、尊重、满足，还是自我实现？

在想清楚以上问题之前，我们先来看看为什么有人总是迟迟不行动。

我现在做还不到时候，我的基础太弱了，做了也是白做；

我是个完美主义者，我要做就要做得完美，如果做不到完美，我宁可不做；

我希望精确规划每一步，所以，我需要更多更长的时间准备；

我想再等等，等到有更好的机会时再出手；

行动起来太费时间，而且做了也不一定有什么改变，算了，不做了；

……

看起来是不是很眼熟？总是觉得可以再等等，先准备好了再开始行动。如果认为必须完全知道了才能行动，就陷入了一个思维误区中。这就是把知和行分开了，认为必须要100%知道了，才能去行动。学习的时候会有这样的体会：在学习知识的过程中，越学越深，越学越觉得还有很多东西没有学到。相反，一些只是学到一点皮毛的人，却敢说："你说的我都知道。”

尚未饱满的谷穗会高傲地抬起头，而成熟的谷穗总是低下头，弯下腰。学会低头是一种人生智慧，抬头看天，看到的是遥不可及的远方；低头看路，看到的是触手可及的真实；锻炼自己抬脚就能前行的能力，面对真实的自我，不空想未来，不沉湎过往，心中有梦，脚下有力，脚踏实地，关注当下的行动，体悟生命之大道。

何为道？韩愈在《师说》中说过：“古之学者必有师，师者，所以传道授业解惑也。”孔子言：“朝闻道，夕死可以。”老子言：“道生一，一生二，二生三，三生万物。”

真正学有所成之人，悟道之人，如同田野上成熟的谷穗。从一颗种子开始，深深在泥土中扎根，在黑暗中破土而出，在风吹日晒中露出新芽，经历了寂寞的洗礼、孤独的风霜，最终迎来了成熟的时刻。一个真正成熟的人，是在遭遇了命途多舛、生活艰难之后，依然能够坚强，成为自己的英雄的人。

有一个老和尚得道的故事，解释了何为道。

一位行者问老和尚：“您得道前在做什么？”

老和尚说：“砍柴、担水、做饭。”

行者问：“那得道后呢？”

老和尚说：“砍柴、担水、做饭。”

行者又问：“那何为得道？”

老和尚说：“得道前，砍柴时惦记担水，担水时惦记做饭；得道后，砍柴即砍柴，担水即担水，做饭即做饭。”

把注意力关注在当下，即为道。

道从哪里来呢？重在行动。实践是检验真理的唯一标准，行是验证知的唯一途径。

如果家境贫苦的匡衡不行动，只能一辈子务农，而因为他积极行动，用墙壁上的一线光亮，照亮了自己也鼓舞了一群好学上进之人；如果从小失声的海伦·凯勒不行动，永远只能活在黑暗中，自怨自艾，而因为她积极行动，才找寻到了一条让世界众人见到光明的路；如果后天失聪的贝多芬不行动，永远只能活在无声的世界里，暗自神伤，可因为他积极行动，他的曲子拯救了无数迷茫的灵魂；如果一出生就患肌肉萎缩性侧索硬化症的霍金不行动，只能瘫痪在轮椅上虚度一生，可因为他积极行动，即使在生命的最后一刻，哪怕只有眼皮能动，还在为人类物理学做着巨大的贡献，成为继牛顿和爱因斯坦之后最杰出的物理学家之一，被誉为“宇宙之王”。

千里之行始于足下，不行动，如何看千里之外的巍峨山脉；不行动，如何看来自极地的炫彩极光；不行动，如何听悠悠山谷中的美妙歌声；不行动，如何嗅到自我内心深处的迷人芳香；不行动，如何收获人生的胜利果实。

央视公益曾经拍摄过一段超感人的公益广告片《妈妈的等待》。在镜头中，妈妈和孩子一路奔跑，从妈妈在前，孩子在后；孩子慢慢长大，走得越来越快，变成孩子在前，妈妈在后；渐渐的，孩子和妈妈的距离越来越远；最后，孩子回头的时候，发现妈妈消失在镜头中……

广告片的文案很简单，只有六句话：

爱，是什么？

爱，是陪你走一辈子；

爱，是无悔青春流逝；

你的高飞，就是我的安慰；

爱，是痴痴等待；

别爱得太迟，多回家看看。

人生不是等来的，而是争取来的，有很多事，行动了以后才懂得珍惜；有很多人，行动了以后才明白他的心意。别让等待变成终身的遗憾。

为什么你通晓很多道理，依然过不好一生？因为看了很多书，懂了很多道理，知识还在脑袋里，而没有付诸行动，没有行动，有再多知识都等于零！

在学习求知的道路上，注定是孤独的。当面对困难、挫折、挑战的时候，要不断努力，突破，敢于从零开始，一步步往前走，受的苦终究会化为甘甜。改变自己，从第一步行动开始。打出第一个字的时候，离称为作家就更近了一步；迈第一步的时候，离终点就更近了一步；抬起手的时候，离天空就更近了一步；当开始行动的时候，距离拥有世界就更进了一步。

2.工具决定行动效率

巴顿将军曾经说过，他要花大量的时间为进攻做准备。一个步兵营进行一次进攻，他至少需要花两个小时的时间准备，匆忙上阵只会造成无谓的伤亡。

在战争中，任何缺乏细致、合理计划的行动都不会取得好的结果。一个军事家在计划上欠考虑，很可能会导致全军覆没。在工作中也是一样，无法制定明确的目标，很可能会影响项目的发挥。

想要做到高效计划，概括来说，需要七项要素：

第一，具体的目标。目标制定需要遵循“SMART原则”。

第二，阶段性成果。可以将每月的目标分化成每周的目标，再将每周的目标分化成每日的目标。

第三，时间表。每一项计划的执行时间列表越详细越好，可以考虑每日做个简单计划，10天或者半月做一次总结。

第四，责任人与配合人。比如，谁负责销售，谁负责配合，谁负责打电话，谁负责文案等，要责任到人。

第五，预算费用。

第六，具体项目。

第七，资源支持。确定是否需要研发中心、财务、生产等部门或领导的支持。

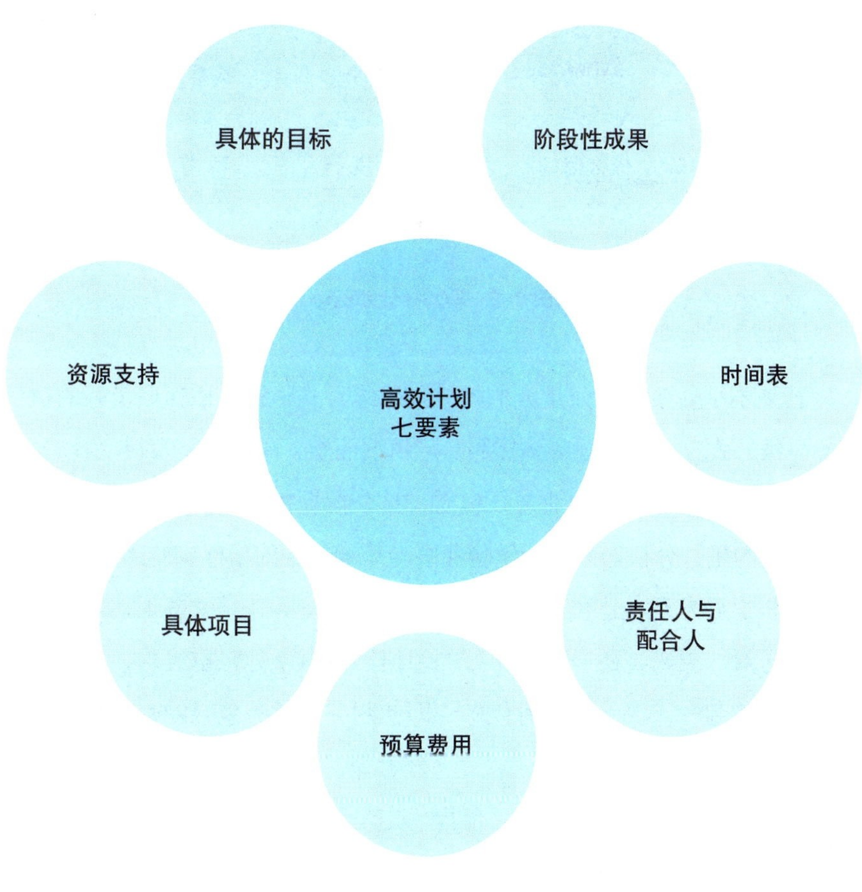

图 7–4　高效计划七要素

将七项要素考虑周全，一个完整的计划就写成了。为了让计划更清楚，还可以重新梳理成5W3H。

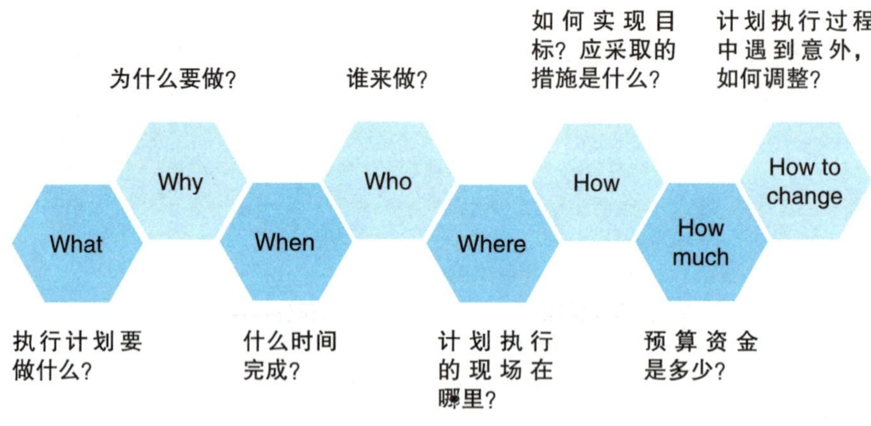

图 7–5 5W3H 计划梳理

计划不是教条，它只是人们的一种思维方式，让人们养成良好的执行力的思维方式，所以计划应该按照实际情况而定，不能过于盲目。

有个销售经理，因为业绩很优秀，被公司提拔为分公司总经理，让领导没想到的是，分公司最后的销售业绩与年初制定的目标相差巨大。

分析之后发现，这位总经理每天要做的事情实在是太多了，她根本没有办法应对。原来，她有一个不好的习惯，做事不分轻重缓急，总是将最重要的事放到一天快结束的时候做，即使想完成任务也只能心有余而力不足了。

如果想要把每件事都做好，前提一定是要把最重要的事情做到位。可以采用优先事物的方法（FIP，First Important Priorities），也就是永远先做最重要的事情。

3.一天只做三件事

想要保持最高的工作效率，一天最好只做三件最重要的事情。从所有事情里找出重要而紧急的事情，即找出马上要做的事情。这种方法不能确保把所有事情都做完，但会确保正在做的事情是最重要的事情。

做好三件事的要点是：

第一，议事日程。把具体的事情列入议事日程中，这样才能真正地进入执行阶段，否则事情永远都在脑子里。

第二，从一天中所有事情里找出最重要的事情。

第三，每天花时间进行思考，掌握好工作的节奏。

每天早上用五分钟时间，写下当天必须要做的六件事，按照轻重缓急做出标记，每完成一项，再做出新的标记。在执行的过程中最重要的要素是耐力和毅力。一方面要专注，一方面要有耐力。每天结束时，把没有完成的事情记录在“未完成事项记录本”上，不断提醒自己还有没完成的事情。

当然，做一件事时，要考虑多种方法，反复试验。

一个老方丈有两个徒弟。老方丈知道自己年事已高，来日不多，就想在两个徒弟中选一个做继承人。两个徒弟都很尽心，学问、为人都不错。为了表示公平，老方丈出了一道题：“你们二人中第一个从后山爬上来的人，就是未来的方丈。”

两个徒弟来到后山之后傻眼了，后山竟是悬崖峭壁。一个徒弟想“不管遇见什么困难，也要攀上悬崖”，结果摔得鼻青脸肿。另一个徒弟想“只靠爬上去的话，可能会在中途摔死”，于是他开始在附近找上山的便道，结果在悬崖边上找到一条上山的小路，顺利地来到了老方丈的面前。

可见，最终上山的小徒弟用多种选择完成了任务；另一个徒弟只会一种方法，虽然目标明确，但是很难成功。

四、立正心，下大功

2021年，新冠肺炎疫情暴发后的第二年。有人说，这是艰难的一年；也有人说，这是最好的一年。改变已经发生，唯一能做的就是拥抱变化，在变化中求生存，寻发展，开疆拓土。

稳定是一个伪命题，一马平川，波澜不惊，如果每一天都是昨天的重复，是一件多么可怕的事情。人类的发展史就是一个变化史，不进则退。电脑从笨重的台式机，一步步升级到了轻薄的笔记本，人的大脑也要升级。历史的车轮滚滚向前，时代的脚步永不停歇，每一道车辙留下的都是时代的印记。

我走访了很多企业老板，有制造商、电商，还有小商贩……体会特别深刻，当问到很多企业老板，今年生意怎么样时，90%的老板都是同样的神情——低下头，侧过脸，双手压住双腿，有种使不上力的感觉，接着深深地叹口气，唉……

这口气背后是无奈，是不安，是对未来的焦虑和迷茫。

但是，还有10%的企业家们，不乏几十亿资产的上市企业，他们不仅没有受到影响，反而越做越好，越做最强，越做越大。

“经营之圣”稻盛和夫先生的人生智慧是：付出不亚于任何人的努力。

2010年，日本航空向东京地方法院申请破产保护，在民主党鸠山政府的“三顾茅庐”之下，稻盛和夫以78岁的高龄出任日航的会长（董事长），重整问题重重的日航。

2011年，稻盛和夫管理下的日航，全年合并经营利润达到2049亿日元，创历史新高，并在2012年9月19日重新上市。

稻盛和夫先生建议，领导者的选拔标准是德高于才，居人上者，人格第一，勇气第二，能力第三。他指出，热爱是点燃工作激情的火把。无论什么工作，只要全力以赴去做就能产生很大的成就感和自信心，而且会产生向下一个目标挑战的积极性。成功的人往往都是那些沉醉于所做之事的人。

稻盛和夫在代表作品《活法》中提出，资质平庸的人能够获得非凡成就，答案就在一个简单的公式：人生成就=态度×能力×努力。

2022年冬奥会热门人物谷爱凌，在2月8日的比赛中，在落后第一名5.25分的情况下，最后一跳选择一个极具挑战性的动作，成为中国首个在冬奥会上夺得自由式滑雪女子大跳台金牌的人。

很多人说她是幸运女神的宠儿，高智商、高颜值、高价值。其实，她曾经付出的苦不亚于任何一个人，为了所热爱的滑雪，谷爱凌曾摔断了肋骨，撞了头，短暂失忆，痛到哭……在斯坦福以特长生对她抛出橄榄枝时，她的回答是：“NO！”然后以近乎满分的成绩进入斯坦福。所以，有态度，有能力，够努力，才能受到幸运女神的眷顾。在没有了解成功背后的故事之前，不要轻易羡慕别人的成功。

体育精神，强调的是拼搏、奋斗、永登高峰。作为创业者，做个人品牌的人，更是如此。关键在六个字：立正心，下大功！为人以正心正念正能量，处世以大功大行大修炼。

南怀瑾先生说：真正的修行是红尘炼心。人生是一场修行，工作是一场修炼，待人接物间处处是修行。

人生就是不断地提升认知，这是个缓慢的过程，需要保持，不是一下高、一下低，需要从长期来看有多大的进步。唯有一颗正心才能坚持走到最后。有了正心，便有了解决问题的勇气，有了迎接困难的力量，有了一路披荆斩棘的魄力。

古圣先贤告诉我们，成事者，坚持而有之；人最可怕的不是能力不足，认知不足，而是坚持不足，还未抵达，就已经放弃。水滴石穿，不是水的力量，而是坚持的力量；人生成败，不是能力的局限，而是坚持的上限。

立正心，是不急不躁，对待客户谦和，不是为了把客户的钱挖过来，而是关系人生事业的发展。下大功，功夫下不到，永远了解不到规律，而想要了解创业成功的规律，就要下大功夫创业，投入越多，理解越深刻。

知行合一，在行动的过程中才能知道，才能体会到。只有下大功，才能体会人生的滋味，才能获得人生的成就感，而这种成就感是谁都替代不了的。